自主能力大增！
原來學習這麼好玩！

培養孩子未來關鍵實力的『探究型』遊戲學習法

岩田拓真／著　むぴー／繪
童小芳／譯

前言 增加能讓孩子「著迷投入」的事物吧

我目前經營一家以幼兒乃至高中生為對象的補習班，名為「a.school」。
順帶一提，雖說是補習班，但和協助準備考試的一般補習班有所不同。
我們並非只教授課業的補習班，還會培育孩子對學習的興趣，
並磨練自己動腦思考以及表達所思所想的能力。

在補習班的課堂上也經常提議
「要不要一起玩遊戲？」（這也成了本書的日文書名），
或是**「要不要來場對決！」**、**「我們來玩玩看吧！」**
我們重視的是，打造一個能讓孩子以玩樂心情熱衷學習的環境。

本書便是以我在補習班實踐的手法為基礎的創意集，
有助於把家裡轉變成能讓孩子沉浸其中的學習環境。

說起來，最初會決定開辦一所別開生面的補習班，
是因為我自己本身就是一旦沉浸於某些事物就會無法自拔的孩子。
我曾經有段時期迷上電車，

總是不斷觀察著電車，祖父為此帶我走遍許多地方。
而我熱衷玩象棋等舊式遊戲的那段時期，最喜歡的便是
飯後和家人一起玩的時光。我還有一段時期會在自然豐富的後山流連忘返。
我就是這樣度過孩提時期的，不知道是不是這個緣故，
就連準備國中入學考試時，也能全心全意地投入學習。
我對算數格外執著，無論是什麼樣的難題，解不開就不罷休，
還總是揚言要解完題才睡覺，讓我爸媽很頭大。
到了國高中時期，我最癡迷的便是電腦與網路。
上大學後，我參與了報紙的製作與發行、規劃並推行節慶等活動、
在旅行中與東南亞的年輕人進行國際交流，
還曾在腦科學、心理學與工商管理學等各種領域的研究室裡學習。
我是在28歲時決定從事教育工作而創業，
不過坦白說，在這之前所沉迷的事物幾乎都沒有持續到現在，
但我可以自信滿滿地說，那些經驗以某種形式造就了現在的我。

我在象棋與算數中鍛鍊出思考能力，透過各種遊戲磨練了企劃與挑戰能力，
與世界各地的人們交流則讓我獲得人生觀與理解多樣性的能力。

那些「沉迷」的時間都化為我長大後的根基。

如今我周遭都是一些「著迷於某事的人」。

每次碰到比我還要熱衷於某些事物的人，都會令我興奮不已。

尤其是遇到把人生投注在我不太了解的事物上的人，我都會想：

「為什麼會愛上這個呢？」、**「有什麼樣的契機嗎？」**、

「當中有什麼樣的樂趣呢？」、

「居然能深究到這個程度。一直以來是如何克服難關的？」

可說是好奇心全開（笑）。

會沉浸在某些事物之中的人，都是出於

「本身很喜歡」、**「因為很有趣」**或**「想要挑戰看看」**等理由而投入其中。

他們並不理會**「這樣做比較好」**或**「通常都會這樣做」**

這類他人或社會的判斷基準，而是以自己的核心價值為優先。

正因如此，無論成功或是失敗，

都能以「啊，真是太有趣了！」或「實際去做真的太好了」

這樣正面的心態來回顧自己的過去。

我為什麼現在會試圖挑戰**打造一個任何人都能沉浸其中的學習環境**，

大家應該稍微可以理解了吧？

過去所追求的是，可以快速且確實地完成與大家一樣的事情，換句話說，能針對有答案的問題快速提出正確解答即可獲得高度評價。然而，時代大不相同了。如今人們的物質豐富，透過網路與世界接軌，無法預測的事情日益增加，多樣化的生活方式已成常態。正確答案已然不再，無論是企業還是個人，都置身於茫然之中。在這樣的時代裡，「不一樣」有時會比「一樣」來得有價值。

對事物「著迷」並投入其中的能力，藉此累積並培養出一個人特有的「偏好」，再透過這樣的個性，開創無解課題的突破口，或孕育出AI無可取代的工作。

該如何讓自己的孩子成為一個活得「忘我」的人呢？

孩子是否能以「喜歡的事物」為業呢？

如果本書能讓大家開始深入去探究這些問題，筆者將感到莫大的喜悅。

只要親子一起享受如遊戲般的學習的樂趣，便可在這過程中不斷培養出這種「忘我」的狀態。

我相信這麼一來，孩子往後將能靠自己一步步開創「未來」。

目次

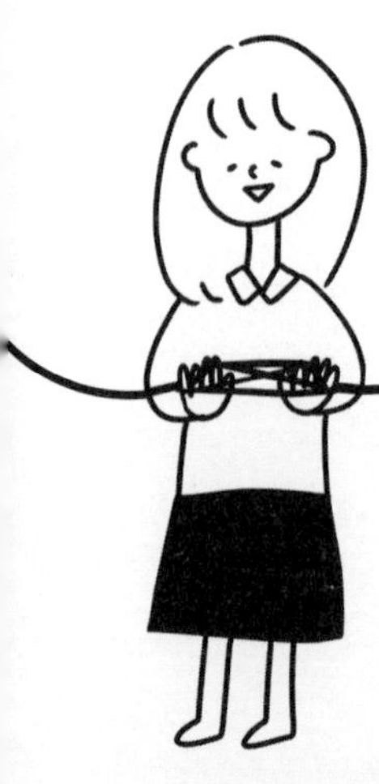

＊編註：本書提及之部分的學科、考試題型、地名等以日本當地狀況為出發點，但是基本遊戲與學習概念並無地域差異。請靈活搭配實際狀況，與孩子一同快樂探究！

第2章 實踐！培養「學習欲」的30種親子遊戲…49

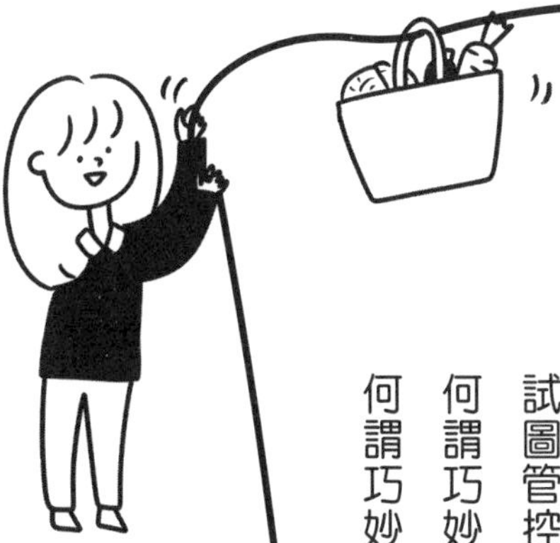

第3章 父母如何巧妙支援孩子發展「喜好」或「專長」？……177

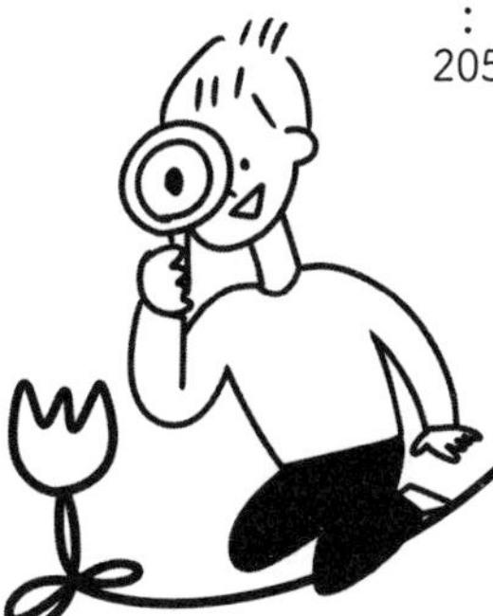

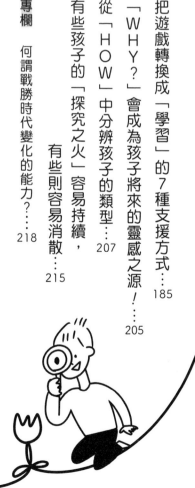

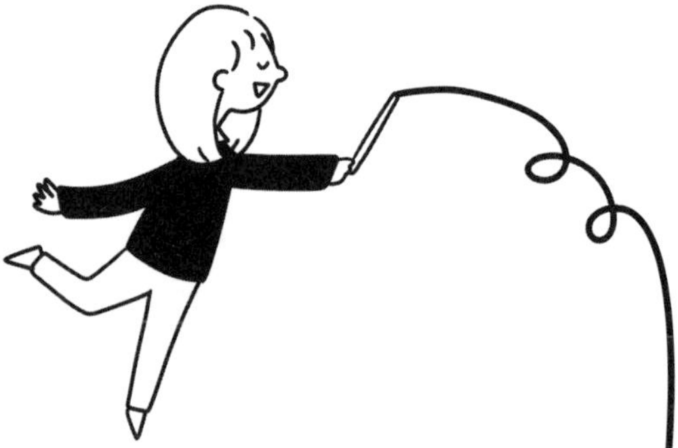

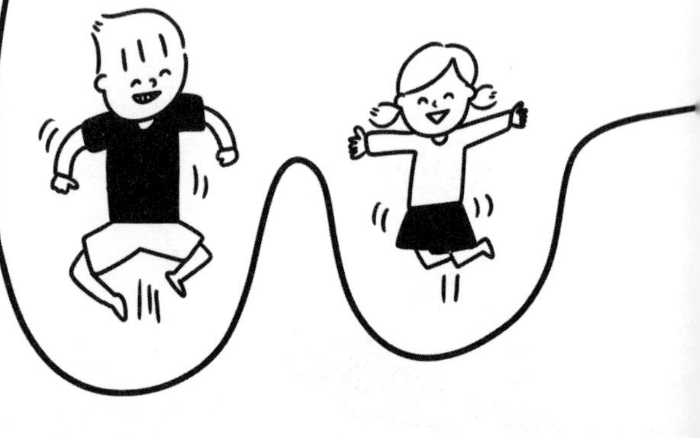

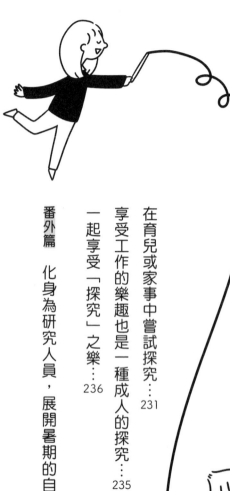

第1章

要求孩子「用功讀書」會造成反效果！

在家裡會學習與不學習的孩子之間的差距

2020年春天，發生了誰都沒預料到且前所未有的危機，
即所謂的新冠衝擊。正如大家開始把「新冠前」與「新冠後」掛在嘴上，
這次危機也成了從根本來質疑所有事物的機會。

新冠衝擊也對日本的教育帶來莫大影響。
學校從3月初開始停課，教育體系陷入極大的混亂。
學校何時會重新恢復運作還是未知數，
我對每位克服這般漫長且不安的日子的家長深感敬佩。
有些孩子如果放任不管就不念書，
所以應該也有不少家長為了激勵孩子而殫精竭慮，
比如為孩子規劃在家學習的課程表，
或到書店購買題庫與習題等。

因為新冠衝擊而停課，
擴大了「會自主學習的孩子」與「在家不會念書的孩子」
之間的學習差距。如今學校重新開學了，

但是除非改變學習的意願，否則這種學習差距是無法彌補的。

我所經營的補習班「a.school」去年取消了所有春假講座與體驗活動，但仍每天透過電腦進行線上課程。

情況和面對面的一般課程有所不同，

但是孩子們對初次的線上課程都感到興致勃勃！

有些孩子比以往更常發言，

有些孩子會在課後拿圖鑑查找相關資料，

有些低年級生則為了在聊天室發言而練習打字等，

像這樣自動自發的孩子不在少數，

在課堂外的時間也會積極地投入學習。

平時就已培養出自主學習能力的孩子，

在學校停課時也不會鬆懈，

反而因為不能去上學而「學習欲」大噴發。

倍樂生公司於2020年5月進行了一項問卷調查，

題目是「有小學生在家接受線上教學的家長有哪些不滿」。

排行第一的回答便是**「孩子在線上學習時無法專注」**。

然而，只要培養出自主學習的能力，無論面臨什麼樣的緊急情況，在沒有父母的管控下，孩子仍會自主學習並樂在其中。

那麼，該如何引導出孩子自主學習的能力？又該如何加以發展才好呢？

希望孩子在家裡用功讀書時，你會如何開口？

「玩樂」與「學習」之間沒有界線

「不要光顧著玩，好好念書！」

你是否曾經這樣斥責孩子呢？

玩樂與學習經常被視為完全相反的意思來使用，但玩樂與學習之間其實並沒有界線。

請試著想一想。

以下所列舉的事項，是「學習」呢？還是「玩樂」呢？

- 記住一道新料理的作法
- 描繪一張電車的路線圖
- 背下奇怪動物的名稱
- 執著於贏一局撲克牌遊戲

這每一項都不符合在學校裡學習的科目，也稱不上社會必備的知識或能力。說是「學習」，卻也含括在「玩樂」的範圍內。

然而，何謂「學習」？何謂「玩樂」？我是這麼想的：

學習 ＝ 為了習得新事物的活動

玩樂 ＝ 為了追求有趣或開心等滿足心靈的活動

如果以這個定義來套用，烹飪、電車的路線圖、奇怪的動物與撲克牌，全都是「學習」也是「玩樂」。

對於熱愛鑽研算數的人來說，算數練習就是一種玩樂。
有人從漫畫中獲得大量知識，
也有人透過撲克牌鍛鍊了戰略性思考的能力，
對他們來說，漫畫與撲克牌既是玩樂也是學習。
世上有許多研究人員都像在玩樂般興致勃勃地從事研究，
就連專業的創作者也會說出**「創意發想既是工作也是玩樂」**之類的話，
因為他們經常在旅行或外出時想出企劃或創意。

要想讓學習幾乎等同於玩樂，
關鍵字在於「著迷」。
可以從**「我想做這個！」**或**「好像很有趣！」**
這類純粹的興趣著手，逐步讓孩子進入**「著迷於學習」**的狀態。
為此，首要之務便是：
父母必須把「玩樂」與「學習」結合起來思考。
這或許不是一件簡單的事，
但請試著靈活地思考。

透過學習的「遊戲化」培養出能自主學習的孩子！

「○○真了不起呢！爸媽都不必督促就會自主學習。」
「我家的孩子根本不念書。」

這樣的對話是不是聽起來很熟悉？
這算是小學生的母親之間最常見的對話吧。
的確，有些孩子能夠專注學習，有些孩子喜歡學習，但也有些孩子難以集中精神或是討厭學習。
為人父母者想必很在意，這之間的差異從何而來呢？

孩子會著迷而持續進行的事，最具代表性的應該就是「和朋友玩」或「遊戲」。
天下父母心，總會煩惱著該如何讓孩子減少這類遊戲的時間，並投入學業之中，但是以孩子的角度來說，要縮減做喜歡的事的時間去做討厭的事，實在太痛苦了。

「如果能像著迷於玩樂那樣專心投入學習，學業成績肯定也能有所提升……。」

若出於這樣的想法而不禁嚴厲訓斥孩子「好好念書！」
孩子非但不會乖乖伏案學習，反而會心生排斥而遠離學習。
話雖如此，如果什麼都不說，孩子就會光顧著玩。
相信只要是為人父母者，肯定都能想到類似的情節。
那麼，究竟該如何是好呢？

以結論來說，

重點在於父母應該為孩子創造機會，
讓他們可以「像玩樂般忘我地埋首於學習之中」。
為了做到這一點，必須**讓「學習」轉化為遊戲**。
這樣的狀態對孩子來說像是在玩樂，
但就結果來看，卻成了一種學習。
在玩樂的過程中，會自然而然地培養出自主學習的態度，
面對學業的方式也會為之一變，成績就會漸漸變好。
靠玩樂或遊戲就能提升成績？
你或許會覺得不可能有這麼好的事。
然而，本書中所說的遊戲，
並非使用遊戲機這類所謂的數位遊戲，

而是必須在現實世界裡進行的遊戲，
規則是在體驗的過程中將身體或頭腦運用得淋漓盡致，
讓五感變得更為敏銳。

「學習」的遊戲化是必須費些心思的。
首先，父母不能否定玩樂，
因為要讓學習的效果最大化，
就必須以著迷於玩樂的心情為優先。

英文「study（學習）」的語源是
「studious（著迷・全心投入）」。
對孩子而言，只要念書或學習如英文字面上所示般，
變成一件可以「著迷並全心投入」的事，
那麼即便父母什麼也沒說、沒有功課要做，或是學校停課，
他們還是會自動自發地持續學習，成果也會隨之而來。

「探究」成為矚目新詞！

這種「著迷並全心投入」的狀態，如果置換成現今教育界的熱門用語，即所謂的「探究」。

「著迷並全心投入」＝「探究」

「探究」這個詞在現今日本的教育界備受矚目。

原因在於，自2022年度起新引進的高等學校學習指導要領中，新設了大量以「探究」命名的科目。

數學與理科相關的探究科目中多了「數理探究基礎」與「數理探究」，地理歷史科目中新增了「日本史探究」、「世界史探究」與「地理探究」，國語則新設了「古典探究」的科目。（※皆為選修科目）

此外，必修科目「綜合學習時間」則改名為「綜合探究時間」。

學習指導要領中有這麼一段關於「探究」的說明：

「學習自行發現課題，並在解決該課題的體驗過程中，培育出在現實社會中通用的資質與能力」。

換句話說，所謂的「探究（＝熱衷學習的態度）」，

在接下來的時代將會是一種自主開拓人生的必備能力。

請務必記住「探究」這個詞。
往後應該會有比以前更多機會聽到。

a.school自2013年創業以來，便一直以「探究」為主題
來培育**孩子的學習欲與持續學習的能力**。
要想發展孩子的探究能力，自主性是最重要的，
強迫他們中規中矩地用功讀書只會造成反效果。
因此，應透過**學習的遊戲化**，
將「念書」與「玩樂」連結起來。
每一個孩子都具備沉迷於玩樂的才能。
讓我們幫他們活用這項才能，
在沒有壓力的情況下培養出探究能力，以便連帶提升成績。
那麼，具體來說應該如何將學習轉化為遊戲呢？
在此介紹a.school中稍微獨特的「算數」與「國語」的授課實況。

何謂新型補習班的「遊戲化授課」？
開心地算數！化身為「便利商店店長」的算數課程

「你知道幾種便利商店販售的商品呢？請在5分鐘內盡可能都寫下來！」

「我知道！有水！」

「飯糰！」

「電池！」

「果汁！」

「布偶！」

「巧克力！」

「煙火！」

「香蕉！」

孩子們活力充沛的聲音此起彼落。

「好的，還剩最後5秒鐘。5、4、3、2、1，好了，時間到！大家寫出了幾項？」

a.school有一堂課叫「工作與算數～便利商店店長～」，這天一共聚集了20名小學生，18名來自1～4年級，

2名為5～6年級。3～4人為一組，並由大學生扮演支援角色從旁輔助。

「大家寫了哪些商品呢？」

「嗯……我寫了起司、炒麵、優格、肉包、飯糰、OK繃、紙巾、指甲剪、咖啡……」

「非常好，大家都很了解便利商店呢。那麼，大家知道每一項商品的價格嗎？我會以5種商品來出題，請猜猜看大概多少錢。第一題，飯糰1個多少錢？猜對的小組得5分！我們來比賽哪一組得分最高吧。」

「112日圓！」

「120日圓！」

「166日圓！」

「答案是，通常介於100到150日圓之間。如何？大家猜對了嗎？下一題，時尚雜誌的價格大約是多少呢？」

「250日圓！」

「550日圓！」

「350日圓！」

「答案是……700到1000日圓！」

「什麼！這麼貴！」

孩子們對身邊常見商品的價格掌握得頗為精準，

但預測不熟悉的商品時，往往與實際價格相差甚遠。

「那麼，請針對剛剛大家列舉出的商品預測一下價格，

並寫在這張『便利商店商品價格預測表單』中。」

「你這裡寫了點心，但點心的範圍很廣呢，

你是指什麼樣的點心呢？至於關東煮的價格，

有50日圓和300日圓兩種意見，

大家覺得哪一個才是正確的呢？」

大學生導師（＝學習的陪跑員）會像這樣活躍地從旁輔助孩子。

「優格是多少錢呢？」

「1000日圓！」

「大家都寫好了嗎？我們等一下去商店確認一下價格吧！」

之後實際走訪了便利商店，在得知優格的價格大約是200日圓時，

那個孩子還驚呼：「哇？這麼便宜！」

像這樣把目光放在日常生活中出現的「東西的價格」，

而不只是寫在教科書上的數字，
是這堂「便利商店店長」課程的特色所在。

此外，**這堂課最引人注目的便是經營遊戲，**
是由每個小組化身為便利商店的店長，
在銷售額與利潤上展開競爭。

每個小組會拿到1萬日圓作為商品的採購金，
參考商店所在位置與天氣預報等新聞來決定要採購什麼，隨後再一一售出。
有6種品項可以採購，
分別是飯糰、肉包、冰淇淋、茶類、運動飲料與雨傘。
隔天的天氣則由講師擲骰子來決定是「晴天」、「陰天」還是「雨天」。
每個小組的商店位置也不同，分別在學校附近、公園旁或商圈等，
讓孩子們意識到，暢銷的商品會因天氣或地點而異。

比方說，明天是晴天，感覺會有很多客人上門，
所以應該採購「5個飯糰與2個肉包」，
決定之後便寫在「採購表單（記錄採購品項與銷售品項的紙張）」上。
「〇〇，採購額1個50日圓的飯糰，5個是多少錢呢？」

「250日圓！」

「沒錯！決定採購數量後，請把所有商品的總金額寫在表單上，

然後把錢拿到我這裡，付錢便可換到商品卡。

舉例來說，如果你們最終賣出了3個飯糰，銷售額與利潤會是多少呢？

飯糰的售價是1個100日圓，所以銷售額是……」

「銷售額是300日圓，從中扣掉250日圓後，利潤是50日圓。」

「答對了！如果只賣出2個，銷售額是200日圓，

那就會損失50日圓。這些計算結果要寫在

『收支管理表單（記錄銷售額與採購額的紙張）』上喔。

接著便是計算6種商品的銷售狀況，以能否增加利潤來定勝負！」

透過這樣的方式，孩子們不再是站在消費者這一方，

而是將焦點轉移到便利商店店長的角度，並逐漸掌握工作的面貌。

做足準備後，即可展開便利商店店長的遊戲！

孩子們的眼神會漸漸認真起來。

「明天的降雨機率為0%，是晴天，

所以公園應該會湧入很多賞花客吧？

飯糰或茶類感覺會很暢銷？」

「兩種各採購5個！再加上冰淇淋！」
「天氣這麼涼爽，茶類可能賣不多，改成3瓶好了！」
「3瓶？還有昨天賣剩的，可以再少一點吧？」

在同樣的情境中，有的孩子會提出大膽的作戰策略，
有的孩子會擬定較穩健的作戰計畫，
這會讓各個小組裡的採購相關討論變得愈來愈熱烈。

孩子們在預測準確時會歡欣鼓舞地擊掌大喊「太好啦！」，
預測失準時則會失落地大嘆「可惡！」

像這樣預測銷售數、審視結果並反覆改善，
便是「便利商店店長」這份工作的趣味所在，
而實際上孩子透過這個遊戲進行了大量的算數。
「如果賣出3個飯糰、1個肉包、2瓶茶類與4支雨傘，
銷售額一共是……」
「採購金額是多少？啊，是1220日圓嗎？
銷售額是1410日圓，所以利潤是……」

這些如果轉換成練習題，將可出好幾十甚至好幾百道題目，但是透過幾小時的便利商店店長遊戲來進行這種龐大的計算，孩子們似乎並不以為苦。

「哇，今天做了好多算數，雖然很累，時間卻過好快！」
「我一開始覺得要做這麼多算數很煩，但是像這樣估算可以賣出多少或是計算賣了多少，真的很有趣。」
「我實際感受到，要經營一家店，算數是很重要的。」
大家都一臉痛快地說著這類感想。

「便利商店店長」是a.school的課程之一，是透過商業的模擬體驗，讓孩子自然而然熟習算數的活動。孩子在學校或補習班裡應該也很常埋首於算數練習等，但是不斷進行機械式的反覆練習是一件很痛苦的事。

因此，「便利商店店長」的課程是這樣設計的：運用實踐用的收支管理表，以最高利潤為目標，透過採購管理、銷售與利潤的計算，乃至零錢的計算等，讓孩子在沉迷的過程中，實際感受算數在何時可派上用場，

並開開心心地培養出計算能力。
我們提供的學習並不僅止於算數，
除了計算能力外，還有從天氣、季節與新聞等線索中
預測銷售狀況的「預知能力」等。

開心地寫作！化身為「新聞工作者」的國語課程

「大家還記得桃太郎的民間故事嗎？
其實，在桃太郎打敗惡鬼的隔天，曾發行了一份報紙，有人知道嗎？」
「咦？什麼報紙？」
「我知道那個故事，但不知道有報紙耶！」
a.school就是在這樣的互動中開啟國語課程——
探究並享受寫作之樂的
「變身實驗室～化身為新聞工作者（記者）～」。
首先，孩子們會拿到一份這樣的報紙。

桃太郎終於成功擊退惡鬼。

昨晚8點左右，在桃太郎的帶領下，一行人擊敗了鬼島上的惡鬼，奪回了村莊被盜的寶物。為了擊退惡鬼而來到鬼島的桃太郎親自舞刀，英勇迎戰惡鬼並大展身手，不辱「日本第一的桃太郎」之名，成功奪回被惡鬼盜走的寶物。此外，他在旅途中結識的夥伴狗、猴子與雉雞也都加入了戰局。

在孩子們讀完報導後，緊接著提出一項任務：

「那麼，在鬼島或狗、猴子與雉雞的世界裡，又發行了什麼樣的報紙呢？請大家試著想像一下並寫下來！」

「我想寫關於惡鬼的新聞！」

「我寫雉雞的報導好了？」

「我決定寫關於狗的新聞。」

告訴孩子「可以隨意寫自己喜歡的報導！」後，他們便一個個選好自己想寫的主題。

在學校提出作文題目時，幾乎沒有孩子會說「太好了，我想寫這個！」

但是在這堂課上，大家都很積極地動筆。

想著「要寫出什麼樣的報導呢～」而嗤嗤竊笑的表情也很生動。

以這種方式所寫出的報導十分多樣。

有些報導是從惡鬼的角度切入，標題相當聳動，比如：

「2隻惡鬼慘遭殺害 是桃太郎下的毒手嗎?!」

「不知名人物突襲 約20隻惡鬼性命垂危」

還有些孩子的報導把焦點放在雉雞的表現與功績上，比如：

「鬼島之戰 雉雞大顯身手」、**「壯舉！鳥類初登鬼島」**等。

「哇，寫得很像真的報導！」

「原來報導可以用這種寫法，真有趣！」

讀完其他孩子所寫的報導後，可切身感受到，只要改變視角，報導的內容也會截然不同。

除此之外，我們還會使用一種「連接詞紙牌」的
卡片來玩遊戲，藉此磨練孩子的語言技巧。
在這個遊戲中，**孩子要從寫有20種連接詞的卡片中抽牌，**
再針對規定的題目依序編寫句子。
比賽在限定的時間內能夠串連多少句子。
比方說，題目是**「受到新冠疫情的影響，學校長期停課」**，
後面就會這樣連接下去：
↓**「因此」**↓「得以和家人度過大把時光」
↓**「然而」**↓「暑假縮短了，實在糟透了」
↓**「不過」**↓「可以和一直待在家裡的爸爸一起玩，真是太好了」
↓**「所以」**↓「有更多時間可以在公園裡踢足球」等。

進行這個遊戲的過程中，孩子可以在限定的時間內想出更多的句子。
當他們能夠對各種題目順暢表達自己的想法或感想後，
就可以毫不費力地寫作，文章的品質也會逐漸提升。

然後，花1個月左右的時間埋首於各式各樣的主題後，

孩子們最後要挑戰的任務，便是將自己周遭發生的事或有興趣的事物寫成報導，也就是「製作一份與自己相關的報紙」。

這堂課的設計重點在於，讓孩子從構思希望透過報導來傳遞什麼樣的訊息、獨立取材、編寫整篇文章、含括照片與表格在內的文章排版，乃至執筆與校對，親身感受書寫工作的全貌，學到的將不僅限於國語。

拓展孩子潛能的「3個技巧」

大家覺得如何呢？

a.school的探究課程便是像這樣將算數、國語等科目與工作連結起來，並添加遊戲的要素，藉此引導出孩子們的好奇心與熱情。

第2章將會介紹許多這類可以在家中親子一起進行的遊戲式學習法。

在此之前，希望負責支援孩子學習的家長先記住以下3個技巧。

①「重視那份雀躍的心情！」

這裡所說的雀躍，是自發性沉迷其中的學習動力。
孩子本身只是因為想做而做。
正如「便利商店店長」的課程中，
把算數變成一種遊戲來享受學習之樂，也是利用了這份雀躍的心情。

②「答案有很多種，總之先試試看再說」

長大並出社會後所遇到的問題，和學校的考題有所不同，
問題的答案不見得只有一種。
面對沒有答案的問題時，
重要的是多嘗試幾次，不要害怕犯錯。

當孩子習慣應付學校的考題後，
會不習慣思索個人的創意或發表意見，
往往會試圖模仿其他孩子的發言與行動，
或是直接以「該怎麼做比較好？」來詢問具體的做法。

不過，與其說是沒有思考能力，不如說是**害怕告訴別人自己的想法**，而這種恐懼多是來自**「我這樣想會不會是錯的？」**、**「會不會遭到批判呢？」**等心情。

必須幫孩子打破這層心理上的障礙。

就連到a.school上課的孩子也花了半年至1年左右的時間，才學會與沒有答案的問題正面對決。

儘管如此，只要反覆練習用自己的方式思考，**「答案有很多種，總之先試試看再說」**的心態就會漸漸變得理所當然。

③「找出別人的優點，享受差異性」

人往往會對與自己不同的想法或行動產生異樣或負面的情感，大人小孩皆是如此。

然而，只跟自己想法一致的人往來，是無法成長的。

「差異」是拓展自我潛能的寶貴契機。

一旦具備接納自由發言的能力，孩子對學習的態度會變得愈來愈積極。

①「重視那份雀躍的心情！」

②「答案有很多種，總之先試試看再說」

③「找出別人的優點，享受差異性」

只要具備這3種能力，

孩子就會不斷自主學習並付諸實行。

在a.school中，每個孩子著迷的事物各不相同，

但是可以看到他們持續熱衷學習的模樣，

比如有些孩子上過「創業者或經營者」的課程後，

便迷上買賣而不斷自己製作飾品或咖啡來販售，

也有孩子在上了「YouTuber」的課程後，

持續上傳與自己喜歡的電車相關的影片。

他們各自隨心所欲地自由學習並付諸行動，

我認為這樣的姿態才是學習原本應有的理想狀態。

親子一起來增加「輸出」吧

還有一件事很重要，
即**為孩子增加「輸出」的機會**。

獲取知識的學習稱為「輸入」，而如今這個時代，
從書籍、電影、紀錄片作品乃至YouTube節目，
無一不是優質的輸入材料。
另一方面，**加深自己的想法或創造新事物等活用知識的學習**
即稱為「輸出」，但習得的機會並不多。

無論是學校或補習班的學習，都是以習得教科書或參考書的內容為主。
從小學生到國、高中生，都一直過著輸入過多而輸出不足的生活。
很多人在長大成人後會為工作方式而苦惱，便是這個緣故。

我們在獲得某些知識時，本來就會想要加以確認，
學會新的技能後，也會想實踐看看。
關鍵在於**反覆在輸入與輸出之間交替來學習**。

在輸出的過程中，應該可以更深入地理解資訊或磨練技巧，或是透過這些實踐發展出新的興趣。

這正是**「了解・思考・行動」不斷循環**的狀態。

讓孩子雀躍學習與探究的「3個步驟」

那麼，孩子是如何逐步成為一個「探究之人」呢？

在此以3個步驟來加以介紹。

STEP 1 從「我想做這個！」或「好像很有趣！」著手

總之，當孩子做出「好像很有趣！」或「我想試試看！」的反應時，請尊重並從旁守護。

所有的「探究（熱衷學習的態度）」都是始於孩子的「玩樂」。

遺憾的是，父母有目的性地「要求」孩子做的事，大部分都無法與「探究」有所連結。

看到孩子埋首於某些遊戲的身影時，從旁守護即可，不要過分關心而總想著**「這些和孩子的學習有關嗎？」**

任何事物都是先從玩樂般的心情開始進行的。在反覆這類玩樂的過程中，會一步步達到雀躍學習的狀態。

「探究」的對象並不限於學校課業。運動或興趣也會是很棒的探究活動。

只要把這種探究精神擴展到各種主題上，學習的可能性將會無限延伸。

比如這樣的情況。

A君熱愛撲克牌，經常與家人一起玩排七。

在一次次的遊戲中，他開始會自己思考戰略，比如**「一開始先出這張牌比較好」**或**「出這張牌應該會比那張牌還要有勝算吧？」**分出勝負後，還會和父親一起逐一反思戰略：

「那個時候如果出黑桃」而不是方塊3，應該就會贏了。」
這種時候就會碰到算數測驗題庫裡的題目：骰子機率與個案分析。
「咦？這樣一來，玩排七就等同於
在無形中進行腦力激盪？」
「喔～原來是這麼回事啊！」
結果A君開始對機率產生興趣，
還請母親購買那種寫了各種有關「神奇數字」故事的書籍，
一回過神來，算數也漸漸成為拿手科目。

這是從遊戲轉為學習的具體案例之一。
對A君而言，如今學習算數或許也像在玩遊戲。
當孩子提出「想要神奇數字相關書籍」的要求時，很多父母都會樂於購買吧。
如果孩子在那之後能夠愛上解數學題，就再理想不過了。
既然有這類「玩樂↓學習」的案例，
也有反過來「學習↓玩樂」的例子。
B君非常討厭算數練習與漢字練習這類必須反覆相同作業的學習。
反覆鑽研的學習方式確實有加強學習的效果，

但是就連大人都很難氣定神閒地持續下去。
因此，熱愛遊戲的B君便想到當時很著迷的「冒險類角色扮演遊戲」，便把那些規則套用在學習上。
基本規則有二：

・學習一定時間即可獲得點數

・累積一定點數便可升級

他所設計的規則非常簡單，但是要隨著每頁練習題的難度來改變點數分配，或是等級愈高需要愈多點數等，忠實重現了角色扮演遊戲的規則。

不僅如此，他還很機靈地制定了一條規則：每次升級都可以從母親那裡得到一份獎勵。
以結果來看，B君開始每天都有計劃性地學習，學習遊戲化的效果絕佳。
當然，學習成績也逐漸提升。

正在閱讀本書的家長中，想必也有人將孩子的學習結合了獎勵，比如「考80分以上就會給你獎勵喔」等。
然而，這種做法仍未跳脫「要求」孩子學習的框架。

重點在於，還是必須由孩子主動打造一個
他們本身能樂在其中的學習機制並為之著迷。
我再重申一次，
所有的「探究（熱衷學習的態度）」
都是始於孩子的「玩樂」。
要讓遊戲轉為學習或讓學習化為遊戲，都是需要時間的。
那麼，在A君著迷於撲克牌
而B君一心一意投入角色扮演遊戲中的這段時期，
父母應該如何看待孩子的玩樂呢？
我也很能理解家長**「希望他好好念書，別光顧著玩」**的擔憂之情。

蘋果創始人史蒂夫．賈伯斯曾說過這樣的話：
「Connecting the dots.（將點與點串連起來。）」
「我們無法預先連結當下發生的點點滴滴，
只能回顧過去來串連人生的片段。
因此，我們必須相信，這些點點滴滴將來都會有所連結。
我們必須滿懷信心，堅信現下的這些點點滴滴都會連結成一條條道路。
即便走上與他人不同的道路，也要有此信念。」

正如賈伯斯所言，我們無從得知哪些事物之間會如何連結，是否能開創出理想的未來也未可知。

然而，只要以「我想做這個！」或「好像很有趣！」為起點，累積大量雀躍學習的經驗後，孩子會留下「自發性展開的經驗＝美好的經驗」的強烈記憶，之後也會反覆進行「自主學習」。

孩子的「著迷」會漸漸與各種將來的「可能性」相連結，請相信這個過程並從旁守護。讓孩子沉迷地投入其中，了解到學習的樂趣，便會逐步擴展未來的可能性與選項。

STEP 2 難度必須比本身實力「高出20％」！

孩子會因為「我想做這個！」或「好像很有趣！」而開始嘗試某些事，但是否「能夠沉迷其中（願意探究）」，則取決於難度與自由度。

具體來說，難度的基準應比孩子的實力「高出20％」。**如果是努力多挑戰幾次即可成功的程度，**

孩子比較容易沉迷其中。

順帶一提，之所以有這麼多孩子沉迷於遊戲之中，
是因為等級的設計甚是絕妙。
如果孩子雀躍地開始沉迷於某事後卻碰壁了，
請幫忙檢視難度與自由度是否適合孩子。
如果是能讓學習對象埋首其中的主題或內容，
且難度與自由度的程度適中，
孩子之後還是會以自己的方式去挑戰，
並一步步主動深入學習。

STEP 3 「我辦到了！」會孕育出「我要更進一步！」的心理

一旦嚐到完成挑戰所帶來的成就感，
就會逐漸萌生「我要更進一步！」的上進心。
「好像很有趣！」→「我辦到了！」→「我要更進一步！」
每重複一次這樣的循環，都會加深對投注對象的興趣與關注，
挑戰難度提高，學習的吸收能力有所提升，吸收量也會逐漸增加。

a.school有推出「變身實驗室」與「工作與算數」等課程，
如前面所介紹的，孩子可以化身為「便利商店店長」
或「新聞工作者」這類專業人士來體驗工作。
S君上過其中的「營業與銷售」課程，
透過掌握客戶需求的提案締造佳績（我辦到了！），
並在各式各樣的情境中加以活用（我要更進一步！）。
在分組工作中，孩子首先學會的便是傾聽他人想法的態度，
在日常的溝通中，也會先接納「對方的需求」後再發言，
而不是「我想這麼做」就一意孤行。
S君每天都樂在其中並反覆實踐。
這便是將成就感化為動力以順暢推動探究循環的過程。

大學入學考試正在改變！

日本從2020年開啟的教育改革中，有2項重大變化，即在校的學習方式與大學入學考試。在校的學習方式一直以來都較重視獲取知識，但如今連習得思考、判斷與表達能力，以及改善學習態度與意願，都被納入明確的目標之中。

教學風格也將發生巨大變化。在此之前的主要授課形式，都是由老師單方面教授教科書的內容，而學生消化吸收；但往後將會轉換為互相學習的模式：由學生主動選擇自己覺得有趣的內容來學習，與老師或同學進行討論等。前面介紹過以「探究」命名的新科目，也是這些變革中的一環。

除此之外，還會加強「英語」與「程式設計」的教育。英語將會成為小學的必修科目，最大的變化在於加強4大技能，不光是閱讀與聽力這些輸入的課程，還會加上口說與寫作這類輸出的課程。

伴隨著這些改革，大學入學考試也將有所轉變：廢除原有的中心考試，自2021年1月起引進大學聯合入學考試。最大的變化重點在於，減少只靠背誦知識與解題方式即可解答的問題，增加長篇文章、圖表等必須細細解讀資訊並加以分析的問題。

雖然基於評分負擔與公平性等考量，這些改革被延期了，但另外評估於國語與數學科目中導入簡答題、在英語科目中活用民間檢定測驗等，往後可能還會有進一步的變化。

大學自主招生考試的改革方向則是更加重視面試、自薦信、小論文與學校書審資料等。在入學考試中會被問到，除了學習以外還曾做過些什麼？往後想做些什麼？對哪些事物感興趣？還有，面對這些提問時，能夠用自己的話表達到什麼程度？在此之前，有AO入學考試（類似台灣的推薦甄選）與一般入學考試之分，而如今則有漸漸將AO入學考試的一些要素合併至一般入學考試之中的趨勢。

到目前為止，在選擇就讀的大學時，想必有很多孩子是以偏差值作為基準。當然，他們都是根據自己的興趣來選擇想進的科系等，但是能夠充分思考「自己在大學裡真正想做什麼事」的孩子並不多。如果平日裡就能夠好好面對自己的興趣並深入探索，便可在往後的入學考試中大顯身手，出社會後也比較容易在自己選擇的道路上大放異彩。

第2章

實踐！培養「學習欲」的30種親子遊戲

在開始玩遊戲之前

此章節將介紹幾種將所有日常事物轉化為遊戲
以求逐步深入學習的方法。
試著將數字或文字變成益智遊戲、
以理科實驗的方式來做菜，或是嘗試創造東西
來培養思考與表達能力等，
親子如玩遊戲般開心地玩耍，
最終將會在這些過程中獲益良多。
投入接下來要介紹的30種遊戲時，
最重要的關鍵在於不要一直「試圖與學習結合」。
無論如何嘗試提出「要不要一起玩遊戲？」的邀約，
只要父母顯露出「想讓孩子用功讀書！」的心情，
孩子就會感受到一股「被迫去做」的強制力。
沒必要喊著「開始努力吧！」來提振士氣。
請帶著與孩子同樂的心情，放輕鬆，
試著隨意將遊戲融入日常生活之中。
只要養成把所有事物都轉化為遊戲的習慣，
孩子就會離「自主學習」或「著迷地深入學習」更進一步。

遊戲的注意事項

✓ 從任一頁開始閱讀都可以。

請從喜歡的遊戲著手，
不必從第一個開始依序嘗試。

✓ 請不要試圖玩遍所有的遊戲。

孩子也有自己的喜好。
請留意孩子的興趣、擅長的事與討厭的事，
試著找出能讓孩子沉浸其中的遊戲。

✓ 樂在其中的學習體驗才是最重要的。

參考各個遊戲裡的「提示方法」，
一開始不妨由父母掌控遊戲。
每項遊戲都有介紹「有益於哪些科目」
與「可培養的能力」，但是效果也不是立竿見影的。
請抱持著這樣的想法：
孩子將會在反覆的遊戲中奠定學習的基礎。
這些刺激身體、頭腦與五感的遊戲體驗，
往後會成為學習各種知識時的根基並加深理解喔！

game 1

美食播報大挑戰

規則

想像一下藝人在電視節目裡介紹美食的模樣，描述食物看起來如何、咀嚼時的聲音與口感如何等，親子來場美食播報大對決！

「這道湯，送進嘴裡後，一開始會先感受到一股四溢的香菇香。南瓜的黏Q實在美味，讓人湯匙停不下來！」不妨像這樣讓孩子先介紹美食，父母再實際吃吃看。像在攝影棚內互相說著感想的評論家般，父母也一起試著描述料理，氣氛會更熱絡。

也很推薦以「誰的表達最貼切之爭冠賽」或「特立獨行表達法之爭冠賽」等為名，兄弟姊妹或家人一起來比賽！外出用餐時遇到平常不太會吃到的食材時，也是很好的機會。

只要在表達方式上下工夫，並在介紹時的說話方式中融入感情等，孩子便會在享受這種樂趣的過程中學會「表達能力」喔。

第一次吃到珍珠
嗯？感覺沒什麼味道耶!!
咬起來軟軟的，但又有嚼勁，很像麻糬!!
嗯～嗯～很像青蛙蛋，QQ的～口感像是煮過頭的義大利麵呢♫
這形容還真獨特……

提示方法

是什麼樣的味道呢？氣味呢？

吃下的瞬間有什麼感想？

用別的東西來比喻的話，像什麼呢？

口感和外觀如何？

POINT

- 很像「土的香氣」、「下雨天的氣味」、「棉花糖」等，比喻成其他東西。（比喻法）
- 吃起來「喀哩喀哩」、「酥酥脆脆」、「有嚼勁」等形容口感。（擬聲詞＝狀聲詞）
- 「黏答答」、「濕潤的」、「蓬鬆的」等形容形狀。（擬態詞）

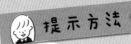

這個科目會進步！

國語

簡答題、作文、
閱讀心得文、論文、
詩與俳句

將感覺轉化為語言的能力

將食物的味道或口感這類無形之物轉化為語言，
只要培養出這樣的能力，便可更熟練地用語言來
表達自己的想法與感受。「轉化為語言的能力」將有助於
順暢與人溝通，所以要從小開始鍛鍊，
在將來的工作場合上也能發揮溝通或簡報的能力。

延伸遊戲

不僅限於食物，也可以描述感官上的體驗！
不妨試著透過語言來表達自身的經驗，
比如「撫摸貓咪時，觸感如何？」、
「踢球時，會發出什麼樣的聲音？」等。

game 2

精算收銀員

規則

這個遊戲是在親子一起去超市購物時，以心算將籃內商品的價格加總起來，預測到收銀檯結帳的總金額！

結帳前先請孩子發表總金額，然後一起享受收銀機顯示總金額那瞬間核對答案的緊張快感。如果金額「剛剛好」即成功。如果金額不符，不妨讓孩子拿收據再驗算一次，檢查是哪裡算錯了。

循序漸進地練習即可，一開始先從在便利商店購買2～3樣商品開始，等孩子熟練計算後再提高難度，比如到超市購買約10樣商品、合計1000圓左右等。

如果有兄弟姊妹，建議讓他們互相競爭可以算得多麼準確。每次都對孩子說「你算得這麼準確真是幫了大忙呢♪」，他們就會更加幹勁十足，為了算出比之前更接近正確答案而努力。

今天也要麻煩你當精算收銀員喔。
OK!!先不要跟我說話喔!
再加237圓～
650圓+237圓……
是2542圓!!對嗎?!
一共是2542圓……你好厲害喔!
拉麵
太好啦!!

提示方法

我今天只帶3000圓，
不知道夠不夠呢？

這些有超過1000圓嗎？
還是不到？

大概還有多少錢
可以花呢？

該怎麼做才能
計算得更準確呢？

POINT

- 根據孩子的計算能力來調整難度。
- 如果心算太難，一開始不妨先提供紙跟筆，讓孩子邊寫邊算。
- 到家電量販店等處購物時的金額較大，是挑戰「精算收銀員」遊戲的好機會！

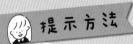

這個科目會進步！

算數

加法、心算、
熟習數字

加法與心算的能力

讓孩子從小就接觸日常中的數字，
即可消除對算數的排斥意識。計算與心算是終生受用的能力。
必須在超市購物這麼短的時間內記住數字，
所以也能同時訓練短期記憶力，還會自然而然地培養出金錢觀，
比如「3塊豆腐100圓，很划算！」等。

延伸遊戲

挑戰1000圓精準購物！比賽誰的購物總額可以剛好滿1000圓，這個遊戲不光是加總籃內商品的金額，還要計算出與1000圓預算之間的差額以便確認「是否還有餘額」，也是一種減法的訓練。請試著改變金額來調整難度。

game 3

用蔬菜預測形狀

規則

這個遊戲的場景是在廚房做菜，在切蔬菜之前，讓孩子預測一下會切出什麼樣的形狀或切口（剖面）！

比方說，如果用菜刀縱向切開紅蘿蔔，其剖面會呈三角形，如果橫著切則會呈圓形，斜著切的話會切出橢圓形呢。

此外，如果橫著切莖部那側，會切出大的圓形，愈往末端，切出的圓形會愈小。

改變切的食材、部位與方向來出題，不妨也試著從理科的角度來觀察蔬菜的特徵，比如剖面會是什麼模樣？是空心的嗎？裡面有充滿種籽嗎？等。

請在烹飪時間內多多與孩子對話，不斷引導他們表達想到的問題。

紅蘿蔔切開後會是什麼樣的形狀呢？
會像小矮人的帽子，是三角形吧？
紅蘿蔔是圓錐狀，所以切開也是圓的!!
大小是不是都一樣呢？
愈後面愈粗，所以圓形也會變大！
哇～♫有小圓形和大圓形!!
切口是什麼模樣呢？
中間是白的!!四周是深橘色的。
爲什麼中心是白色的呢？我等一下查查看好了。

提示方法

從這裡切下去，會出現什麼樣的形狀呢？

會是什麼模樣和顏色呢？

還有其他不錯的切法嗎？

有沒有什麼新發現呢？

POINT

- 親身感受剖面的形狀與面積會隨著切的位置與角度而有所不同。
- 拍下切口的照片，之後再回顧並試著比較各式各樣的形狀。
- 留意蔬菜的特徵，比如孔洞或種籽的數量、剖面的模樣、顏色的差異等。

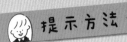

這個科目會進步！

算數 空間圖形
展開圖與透視圖

理科 植物的構造

空間圖形的認知能力

可以發展孩子對物品的立體形狀與位置關係等的認知能力。
在小學高年級的算數中學到展開圖與透視圖時，這樣的體驗應該有助於理解。孩子也會開始在日常生活中觀察物品的形狀並理解圖形上的特色。
此外，當他們在蔬菜的剖面中發現水分流通的管道，
就會更加關注自然物體的形狀，進而對理科產生興趣。
讓孩子養成在遊戲結束後去查詢自己不解之處的習慣，
還能擴展學習的範圍。

延伸遊戲

不妨玩玩益智問答，讓孩子預測各種蔬菜的形狀，
以及長成該形狀的理由！例如，為什麼紅蘿蔔是圓錐形呢？
為什麼高麗菜是由多層葉片交疊而成呢？
不同的生長環境會出現什麼樣的變化呢？
請試著從理科的角度來深入探究。

game 4

會浮起來還是沉下去？

規則

這是一項實驗型遊戲！試著將文具、玩具、蔬菜等各種東西放進裝滿熱水或冷水的浴缸裡，進行預測「這個東西會浮起來？還是沉下去？」的益智問答。

不妨大人小孩都各帶一些東西進浴室，並活用洗澡後剩餘的熱水來測試看看。實際測試應該就會發現，又大又重的東西不見得會沉下去。會浮起來還是沉下去其實是受到密度的影響，所以不試試看根本不知道答案。孩子們一定會興致高昂。

找塑膠、橡膠與硬幣等素材各異的東西來進行實驗也是不錯的方式。

大人也不一定能答對，不妨像在玩遊戲般和孩子一起同樂。

小黃瓜浮起來了耶！
番薯和南瓜又會如何呢？
這兩種都很重，所以都會沉下去！
那我們試試看吧~
奇怪？南瓜浮起來了?!
看來會浮起來還是沉下去好像跟重量無關呢。

提示方法

哪樣東西可能會浮起來？
跟重量有關嗎？

薄的跟厚的，
哪一種會浮起來？

浮起來的東西
有什麼共通點嗎？

救生圈為什麼會
浮起來呢？

POINT

- 「番薯等長在土壤中的根莖類蔬菜」比較容易往下沉，「高麗菜等長在土壤上的蔬菜類」則比較容易浮起來，諸如此類，利用同類別中的各種東西來測試會更有趣。
- 有些會沉到浴缸下方，有些則是沉至中央處，所以不妨也觀察一下漂浮與下沉的程度。

這個科目會進步！

理科

浮力、密度、
實驗方式、
比較的概念

浮力的概念

孩子升上小學高年級後，會在理科課程中學到浮力的相關知識，不光靠頭腦理解而是實際玩過讓物品漂浮的遊戲，這樣的經驗就會在這種時候派上用場，孩子會興奮地說：

「這個我知道！我以前測試過！」

此外，先透過感官來理解會浮起與下沉的物品，會讓孩子具備想像物體密度的理科觀點。

延伸遊戲

預測「當人進入浴缸後，熱水的高度會上升幾公分？」分別預測一下爸爸或媽媽進入後會上升幾公分，並實際用尺測量確認看看。不僅限於人體，也可以思考一下讓物體沉入浴缸中熱水高度會上升幾公分，即可透過實際感受來學會容積的概念。

game 5

產地收集地圖

規則

這個遊戲是要在家裡檢視當天從超市買回來的食材的產地，並在空白地圖上寫下食材名稱或貼上貼紙，目標是打造一份「稱霸全都道府縣」的原創地圖！

只要持續一段時間，空白地圖就會一個個被填滿，「下次我想填滿愛知縣！」、「只剩北陸地區的石川縣一直沒辦法填上……」，像這樣全家一起熱烈參與，即可加深地理方面的學習。

自家購買的東西與自己喜歡的食物大多是哪一個都道府縣的產品？當我們意識到這一點，就會對現居地以外的都道府縣湧出更多感情，也會更加了解食材的產地，以及特產品因氣候與風土所產生的差異。養成這樣的習慣將會產生不錯的學習效果，所以不妨開開心心地持續下去。

在文具店或網路上都可買到這種只以線條描繪出陸地或國家等輪廓的大型空白地圖。

這些番茄是產自哪裡呢？
我知道！
是熊本!!爺爺住的地方！
什麼～又是北海道！
好想找到四國的產品喔～
我們家好像特別喜歡北海道的產品

提示方法

○○縣位在
地圖上的哪個地方呢？

我們家比較常買
哪個地方的產品呢？

蔬菜大多產自
哪個地區？水果呢？

這次能買到
○○縣的產品嗎？

POINT

- 不光是記住地理位置，還要試著查詢產地資訊並將一些小知識寫下來。
- 「為什麼我們經常買那個地方的產品呢？」試著找出原因。
- 試著思考各種食材是在什麼樣的氣候中生長的。
- 蔬菜是紅色、魚是藍色等，為食材貼上不同顏色的貼紙，便可掌握對產地的偏好，還可學會彙整資料的技巧。

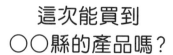

這個科目會進步！

社會

地理、
地區的特色與名產、
都道府縣的名稱與位置

這種能力會UP！

對地理的解讀

一般來說，我們對現居地以外的都道府縣很難感到親切，
但是可以從每天都要吃而隨手可得的食物來擴展對原產地的興趣與關注。
在社會（地理）單元中教到「都道府縣名稱」與「地區名產」時，
就不會只是死記硬背，而是連結到這個遊戲體驗而有助於理解。
繪製出地圖，便可掌握對產地的偏好，
進而透過更廣泛的視野來考察全國各地的狀況。

延伸遊戲

挑戰「繪製進口食品的產地地圖」！
準備一份世界地圖，試著將國外進口產品的產地
寫在世界地圖上，並讓思緒飛出所在地，神遊全世界！

game 6

人臉圖案大搜索！

規則

這個遊戲是要在家中或是街道上觀察花草樹木或食物等，試著從上面看、從側面看或倒過來看，搜尋模樣或形狀看起來像「人臉」的物品！只要狀似「人臉」，任何東西都OK。不妨親子一起玩並互相通報，發現時就大喊「找到啦！」

不妨費些心思配合狀況做出能帶動氣氛的設定，比如「從現在開始計時10分鐘，比賽能找到幾張人臉圖案」等。大家一起參與便可擴大搜索的範圍，而且孩子應該會受到「我剛剛也一直在衣櫃那裡找，卻被你搶先講走啦！」之類的刺激而漸漸沉浸在遊戲裡。如果遇到差一點就能形成一張「人臉」的狀況，則可試著加上一瓶寶特瓶來充當鼻子等，自行添加一些元素來打造「人臉」也別有樂趣。

拍下「人臉」的照片並做紀錄，或是可以為找到的人臉加上標題，還能培養國語能力與下標能力。上傳Instagram當作收集也是不錯的方式。

我們家很熱衷搜尋「人臉」的遊戲。

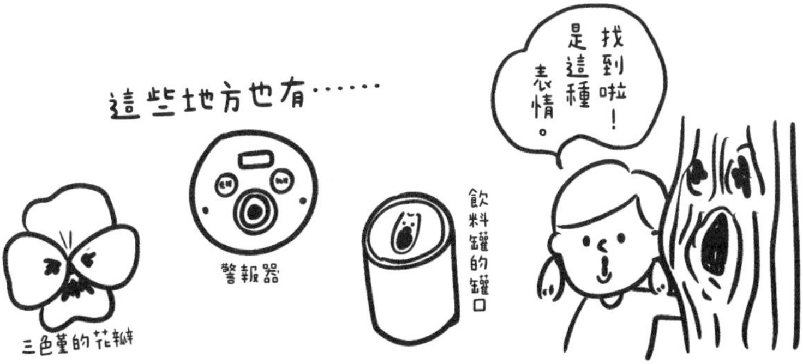

開始在Instagram上分享「人臉圖案大搜索！」後……

提示方法

植物也好，建築物也好，只要看起來像人臉都可以！

你看那裡，很像人臉耶！我以前都沒注意到！

哪些地方可能會有比較多人臉呢？

如果要為這張人臉加上標題，會是什麼呢？

POINT

- 有的看起來像人臉，有的不太像，**帶著享受的心情一邊對話一邊尋找。**
- 筆直看過去呢？還是從側面看？**試著改變角度來觀察。**
- **轉換視角，留意**大樓等龐然大物或腳邊的微小事物**等。**

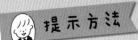

這個科目會進步！

製圖	觀察力、發想、發明的能力
國語	下標能力

多方觀察事物的能力與翻轉發想的能力

試著讓看待事物的觀點變得靈活，藉此培養出翻轉發想的能力。
在念書解題遇到瓶頸時，或是將來工作時，這種能力將有助於突破現狀。
培養出多方觀察事物的能力後，也會具備發想與發明的能力。
比方說，我們平常使用的便利貼，原本是黏性太弱的失敗品，
卻在發現新的使用方式後，成為熱銷商品。
「身邊的物品是否可以用別的東西來替代呢？」，
只要像這樣養成思考的習慣，發明能力也會穩步成長呢！

延伸遊戲

利用現有之物加以改造，用來代替家裡沒有的東西。
比方說「沒有鍋把隔熱套」時，便想想「如果把舊的毛巾布固定在厚手套上來隔熱會如何呢？」，像這樣自由思考如何活用現有的物品，會刺激孩子的發明欲望！

game 7

祕密指令抽鬼牌

規則

用撲克牌玩抽鬼牌遊戲時，事先在紙上寫下「如果抽到○○，就要××！」之類的指令，彼此交換指令後再開始玩，也就是一種有條件的抽鬼牌遊戲。好好思考發出什麼樣的指令能讓遊戲往自己有利的方向進行，享受心理戰的樂趣！

首先，所有玩家都要各自在1張紙上寫下1個有助於自己獲勝的指令。比如「將手中的牌的偶數牌往左排，奇數牌則往右排」、「如果抽到鬼牌，就要向對面的人眨眼」等。最好先讓所有玩家隨機抽出寫著指令的紙張，確認過指令後再發牌，就此展開抽鬼牌遊戲。

大家都不知道誰抽到哪一張指令，所以要觀察玩家的一舉一動與表情，志在獲勝。這是一種緊張刺激的遊戲，如果交換有點搞笑的指令會增添不少趣味性。

寫下「如果抽到××，就要OO」的指令吧！
寫好後，要先翻面再交出去喔。
確認抽到的指令卡……
原來如此，這計畫真聰明～
哇，這個好難呀。
如果抽到數字牌，就要由左往右遞增並排
如果抽到英文字牌，要擺得比其他卡還要高
如果抽到鬼牌，一定要放到最右邊
如果抽到鬼牌，就要做出猴子臉
……
爸爸你怎麼了?!
表情太怪啦～!!

提示方法

要不要試著想些指令，比如
「如果抽到鬼牌，就要做出○○」？

知道什麼樣的訊息
會對自己有利呢？

什麼樣的指令
不會被其他人察覺呢？

什麼樣的指令
可以誤導其他人呢？

POINT

- 禁止下達會讓遊戲直接分出勝負的指令。
- 思考得知什麼樣的訊息能夠
在比賽進行時成為有用的提示。
- 想出容易獲勝、不易失敗的作戰策略。

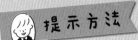

這個科目會進步！

程式設計

行為組合、
思考順序的能力

程式設計的思考能力

「如果××就要〇〇」這種指令的思維是程式設計的基礎，
而這個遊戲可以讓孩子親身感受並學會這樣的概念。
此外，冷靜並具邏輯性地分析遊戲的構造與作戰策略，
也是程式設計思維的必備要素。將「如果有什麼樣的資訊？（假設）」
與「可以對自己有利嗎？（期望的結果）」連結起來思考的練習
在出社會後也能派上用場。還能學會策略性思考與預先想像狀況的能力。

延伸遊戲

遵循指令展開令人心跳加速的尋寶遊戲！
將寶物藏在家中某處，
只要按照指示行動即可尋得。
這個遊戲的構思是：在5張紙上各寫下一項指令，
每完成一項都會引導到下一張指令，最終尋得寶物。

game 8

發現最佳荷包蛋之路

規則

這個遊戲是要追求對自己來說最棒的荷包蛋！荷包蛋是一道樸實的料理，但是成果好壞會因為火候強弱、加熱時間、油的種類、是否加水、是否加蓋等條件而稍有不同。

「上次以小火煎5分鐘，有點太軟，對吧？如果要再紮實一點，這次要不要試著改變火候強度呢？」不妨這樣引導孩子，像在做理科實驗般改變條件，享受其中的樂趣。

從第2次之後，應在烹飪之前先回顧上次煎的荷包蛋成果如何，並預想一下「改善的作戰計畫」，再進行實驗，如此一來，孩子在看到成果之前都會雀躍不已，也能提高學習效果。

完成後，建議將外觀的狀態（蛋黃的顏色等）與口感（蛋黃與蛋白是黏稠的還是鬆軟的）確實記錄下來，以便作為下次的參考！

今天的荷包蛋，蛋白變得脆脆的……
我用中火煎了5分鐘，會不會是油放太多了？
改天
今天要不要試著加點水？
中火煎5分鐘，再加水。
滋
味道如何呢？
是彈嫩的半熟蛋♫很好吃!!
我希望蛋黃再紮實一點……
下次想試一秒一秒調整煎的時間。
這個路程真是漫長呢……

提示方法

要不要試著改變加熱時間？

要蓋上鍋蓋嗎？
還是不用？

要不要試著改變水量？

還能嘗試什麼樣的改變呢？

POINT

- 如果同時改變兩種以上的要素，會無法判別是哪一種影響到結果，所以應該從上次的烹調方式中擇一，只改變一項條件。
- 實驗後，還要將外觀的狀態（蛋黃的顏色等）與口感（蛋黃與蛋白是黏稠的還是鬆軟的）等確實記錄下來，以便作為下次實驗的依據。

這個科目會進步！

理科

實驗方法、
比較思維、
分析因果的能力

改變條件來進行比較實驗的能力

發展孩子改變條件來進行比較實驗的能力，
藉此培養出在遇到問題時分析要素以探究真正原因的能力，
而不是胡亂猜測。這不僅有助於學習，
還能在問題發生時導出正確的解決之策，
所以是在各種狀況中都能派上用場的能力，
比如提升運動表現或將來的工作方式等。

延伸遊戲

利用點心（餅乾、蛋糕）與飲料（茶、紅茶）等
各式各樣的料理來進行比較實驗！
建議採用烹調方式較簡單的料理。試著改變
材料、水量、加熱時間等條件，追求「最棒的〇〇」。

game 9

今日心情與行動問與答

規則

這種益智問答是以今天發生的事情為題材，親子之間互相出題，猜測對方「那時候的心情如何？」、「後來採取了什麼樣的行動？」

「爸爸今天的午餐花超過1000圓，猜猜看，對？還是錯？」、「我今天在學校發生了這樣的事。猜猜看，老師對此說了什麼呢？」等，不妨在核對答案的過程中，詳談事件的細節，以及為什麼做出這樣的舉動等。

建議有時也可以嘗試穿插一些選擇式的問答。比如「今天發生了這樣的事。爸爸有何感受呢？①驚訝、②悲傷、③平靜、④無感」、「這部動畫中，我最喜歡的場景是以下四種中的哪一種呢？①戰鬥場景、②恬靜的場景、③變身場景」等。這樣不僅能為日常的家庭對話帶來些許刺激，還可讓人更容易說出一些較難啟齒的事情。不妨藉機關心家人或朋友的日常，好好了解彼此的事情。

我每次都是搭電車，今天卻走了1站，這是爲什麼呢？
因爲爸爸的肚子最近變得像狸貓一樣圓滾滾!!
嗯嗯～今天是月底吧？是因爲零用錢不夠用了！

你們兩個都答對啦!!
觀察很仔細呢～佩服佩服!!
答對
厲害吧～

提示方法

試著提出有4個選項的題目吧！

你為什麼選擇做○○呢？

是什麼理由才會做○○的呢？

你說「很開心」，是怎樣「開心」呢？

POINT

- 讓孩子明白，即便是同一件事，感受還是會因人而異。
- 不光是表面的喜怒哀樂，還應討論喜悅或憤怒的細節。
- 養成習慣去想像對方當下的狀況與心情。

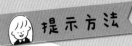

這個科目會進步！

國語

閱讀能力、
想像力、
表達能力

想像對方的心理與行動的能力

即便處於同樣的情境，每個人的感受也各不相同。
但是小時候往往很難客觀想像自己以外的別人的心情。
這個遊戲可以讓孩子思索別人的感受，從中萌生尊重對方的心。
此外，這也是把自己的感受與想法傳達給對方的一種練習，
還能透過反覆進行而培養出溝通與簡報能力。

延伸遊戲

「動物當下的心情與行動」的益智問答！
去動物園時，可以全家一起預測動物當下的心情
或之後會採取什麼樣的行動。回家後再查找動物圖鑑
或專業書籍，確認自己在意的事項，即可深入學習。

game 10

推理翻譯

規則

這是一種預測型遊戲！市區的導覽看板或旅行中拿到的手冊裡，很多都是以中文與多種語言寫成的。看到英文時，就化身為偵探，推理看看「這段英文是對應中文說明中的哪一部分呢？」

如果孩子為推理苦惱，請試著改成有3個選項的問答題，或是給予提示，比如孩子已知的單字、單字的位置、可能聽過發音而有印象的單字等，引導他們找出正確答案。

尤其是在觀光地區，可以看到大量與中文並列的外文，所以旅遊所到之處皆是進行推理翻譯的絕佳機會。

在查找答案之前，務必先自行推理一番，之後再用智慧型手機查詢，核對答案是否正確。一旦養成這樣的習慣，就會培養出語言能力。

小心地滑，
注意腳下！
Please watch your steps.
我要突襲出題！這個指示板上的英文哪一個字代表「腳下」這個詞呢？
這個……英文的step是往上走，所以應該是step吧？
答對了！！真厲害！！
Please watch your steps.
注意的話，應該會是在這裡？
wa……ch？但這個字是「看」的意思吧？
你很會推理呢♫watch這個字也有「小心」的意思喔。

提示方法

這句英文中，哪個單字是〇〇的意思呢？

車站站牌上的這個部分，是什麼意思呢？

為什麼會這樣推理呢？

一起在街上尋找英文吧！

POINT

- 詢問孩子「你是怎麼推理的呢？」藉此鼓勵合理推理，而不是胡亂猜測。
- 核對答案時不妨善用Google翻譯，或是拍下欲查詢文字即可翻譯的應用程式。

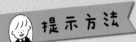

這個科目會進步！

英語

長篇文章的

閱讀能力、單字力

從上下文來推理意思的能力

不光是孩子，人往往會對不知道的事物有所防備，
而推理翻譯有助於消弭對不懂用語的過敏情緒。
此外，從國中到大學入學考試為止，經常會出現長篇英文閱讀測驗。
孩子在學習英文之前便已經奠定了解讀語言的基礎，
所以遇到不懂的單字也不會放棄，而是從上下文來解讀其中的含意。

延伸遊戲

這個遊戲不僅限於英文，在日常中看到中文以外的語言時，都可以推理其含意！日文的話，試著從漢字的字形來想像意思也很有趣呢。應該也會碰到連父母都不知道的情況，這個時候請和孩子一起享受推理的樂趣。

game 11

車牌號碼湊10遊戲

規則

這個遊戲是要利用汽車車牌上的4個數字，加上（　）來進行四則運算（＋－×÷），並讓答案等於10！

不妨在開車移動時，與家人一起查看駛於前方的車子，或是走在路上時，查看經過的車子，利用車牌上的4個數字來玩遊戲。

規則是，只用這4個數字，想出一個計算公式（以加、減、乘、除搭配組合），讓答案剛好等於10。

調換4個數字的順序、不使用其中任一個數字，或是加上車牌上沒有的新數字，都算犯規。

不妨全家一起合作，試著創造出許多可行的公式。

現在是玩車牌號碼湊10的好時機!!
46-87
我看看，4、6、8、7，對吧？
計算的規則是「先乘除、後加減」。
4×6=24，除以8，等於……3！太好了!!最後再加上7就等於10!!
4×6÷8+7=10
對了，還有一個方式更簡單，4+6×(8−7)=10
只要善用( )，計算公式的範圍就變廣了呢。
46-87
很像在解謎，很有趣呢♪

提示方法

要不要先用加法與減法
來想想看？

有哪些計算方式下會出現
等於10的答案呢？

在下一次停車之前，
一起合作
想出3個公式吧！

使用（　　）的話，
搭配的組合會增加嗎？

POINT

- 一開始先給予提示，比如「這組數字，光用加法與除法就可以得出10喔」等，鼓勵孩子從錯誤中摸索。
- 問問孩子「你是怎麼想到這個公式的呢？」讓他們反思並用語言來描述思考出公式的步驟。
- 如果孩子持續苦戰，則增加「其中一個數字不用也OK」等規則來降低難度。

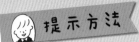

這個科目會進步！

算數

四則運算、
逆向思考力

四則運算與逆向思考的能力

為了得到想要的答案（此遊戲是10）而結合四則運算來思考計算公式，所採取的做法與一般算數問題的解法（先有公式再計算答案）相反，可讓孩子具備運用算數問題的能力。在國中、高中與大學入學考試的應用問題中，經常出現逆向思考題或挖空的填空計算題。
此外，在算數方面，可透過遊戲的方式來鍛鍊逆向的發想能力，好讓孩子在面對無法立即想出解法的應用問題時，可以自己導出答案。

延伸遊戲

使用電話號碼而難度稍高的「電話號碼湊10遊戲」！如果是透過競爭可以激發出幹勁的孩子，則建議不要全家一起合作，而是以「家裡有誰可以第一個想出公式呢？」來一決勝負。

game 12

中文字製造機

規則

這個遊戲必須先學習中文字的意思、讀法與部首，再發揮機智來打造原創中文字！

首先，挑戰活用部首的特徵來打造原創的字。「試著仿效國、囚、固、團這些字，想出用了口（口部）的全新中文字！」應該在「口」裡放入哪個字，才能創造出全新含意的中文字呢？請試著全家一起出主意。

等熟悉玩法後，再針對外語單字來創造新字，也可以玩得不亦樂乎。決定好題目，比如「如果rocket（火箭）有一個中文字，會是什麼形狀呢？」再試著想像出虛構的字。互相競爭，比誰可以創作出最惹人發笑或令人驚豔的字，也是不錯的方式。

孩子在查詢創作靈感的過程中，便會學到現有的中文字。反覆書寫來記住中文字是一件苦差事，但若從字的含意來思考，便可減少排斥意識，還能對文字產生親密感。

木、林、森這幾個字，「木」的數量不同，意思也不一樣耶。
真是單純呢。
要不要試著利用這個規則來創造新的字？
聽起來很有意思。如果以「人」為例……
保持社交距離
這是群聚
很多子代表有很多孩子，是大家庭！！
兩個米是
大碗
，
三個米則是
特大碗
！！
如果是用了口部的字呢？「囚禁」的囚，是口裡有個人呢。
「蟲」放進口裡就是
蟲籠
「魚」字放進口裡，
水族館
換成「言」就是
秘密
如果是「家」就變成
待在家裡
啦！
結果爸爸玩得最起勁……（笑）

提示方法

你想嘗試思考哪種語言的中文字呢？

先嘗試看看各種創造方法吧！

如果以含意來想的話，哪個部首比較適合？

要創造簡單的中文字呢？還是筆劃較多的複雜中文字？

POINT

- 父母先準備幾個虛構的中文字，作為例子展現給孩子看，比如「我自創了這樣的字，不知道有沒有更好的？」、「如果○○有中文字，會長怎樣呢？」創造遊戲的契機。
- 先從簡單的開始，使用「人」這個中文字，或是「人部」，比較容易與意思連結起來。
- 如果要用中文字的部首，則先提供較簡單的選項，比如人部、艸部、口部等。

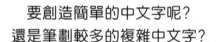

這個科目會進步！

國語

認字、詞彙能力

這種能力會UP！

思考中文字由來與含意的能力

中文字為什麼是這樣的形狀？可以藉由了解其由來與構造來加深興趣與理解。只要孩子在創造虛構字的過程中了解到現有文字的含意，比如「在日文裡，『国』這個字的意思是，正中間有一個玉（國王之意），被周遭城牆所守護！」就會發現箇中妙趣，進而湧現想知道更多的求知欲。

試著將共同部首的字分類，即可有系統性地學會中文字。

創造虛構的字，也是一種活用既有知識來孕育新創意的練習。

延伸遊戲

挑戰「這個字怎麼唸？」的益智問答！先創造虛構的中文字，彼此猜測對方的答案後，再詢問「你使用這個部首是想表達什麼意思呢？」。此外，將既有的中文字結合起來，構思出兩個字的詞彙，並賦予新的含意與唸法，也是不錯的方式。

game 13

光線照射遊戲

規則

這個遊戲是以放在昏暗房間內的點心空盒等作為標靶，在日照充足的房間窗邊，用手拿鏡或手錶等來反射陽光，使之照射在標靶上。

以1面鏡子來照射（反射1次）是初級篇，使用超過2面鏡子（反射2次以上）則為中級篇。

使用超過2面鏡子時，不妨像在光線接力般，親子同心協力來進行。

如果沒有很多可攜帶的鏡子，請使用塑膠墊板等有反射效果的物品來代替鏡子。

還可以在作為「標靶」的物品上寫些訊息，光線照射到時便可讀取，也別有一番樂趣。

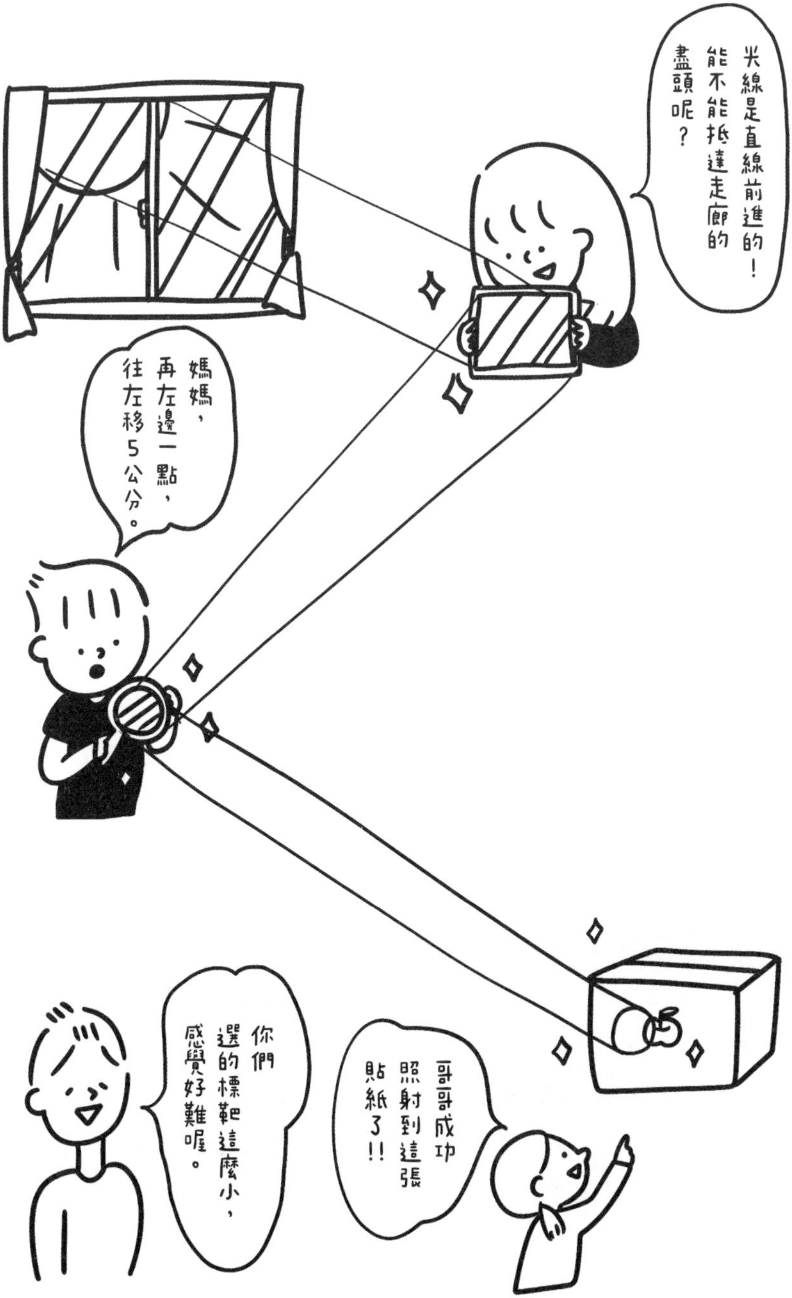
光線是直線前進的！能不能抵達走廊的盡頭呢？
媽媽，再左邊一點，往左移5公分。
哥哥成功照射到這張貼紙了!!
你們選的標靶這麼小，感覺好難喔。

提示方法

可以利用鏡子讓光線照射到
較遠的房間裡的箱子嗎？

照到人的眼睛很危險，
要特別小心！

試著使用2面鏡子，
巧妙地折射光線！

光線是
如何反射的呢？

POINT

- 遊戲的難度會因使用的鏡子大小而異。
- 將終點設定在從起點出發必須經過轉彎才到得了的地方，即可充分體驗光的反射原理。

※小心避免光線照到眼睛。

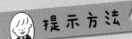

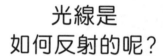

這個科目會進步！

理科

光的性質

理解光的性質

在理科的光的單元中，會學到「入射角」與「反射角」的理論，
若能事先實際體驗這種現象，在學習這些知識時可以加深理解。
此外，只要改變鏡子的角度，光線的軌道就會隨之一變，
所以也可以訓練孩子在試錯中摸索。相機、顯微鏡、液晶顯示器的光學膜與光量子電腦的構造中也運用了光的原理，
所以如果孩子對光有興趣，請鼓勵他們繼續深入學習。

延伸遊戲

這個遊戲是要讓電視遙控器的光線反射來打開電源！
電視或空調是利用紅外線來發送指令，
所以即便沒有筆直對準也能打開電源，
如果待在一小段距離外的另一個房間內，
則可進行「以鏡面反射來打開電源」的遊戲。

game 14

推薦卡動手做

規則

這個遊戲是要從最近閱讀的書籍中選出有趣或是自己喜愛的書，並製作手寫的推薦卡（POP廣告＝擺在書店裡，用來讓人對書產生興趣的紙張）。

不妨在家裡打造一個「推薦書區」，不光是孩子推薦的書，也放些爸爸、媽媽推薦的書籍！

在推薦卡動手做的過程中，便可自然而然地彙整讀後感與想法。建議可以想些令人印象深刻的廣告標語，或在視覺美觀下工夫。接著進一步與家人互相發表卡片上的內容，即可加深想法與觀點。

每個月1次，互相介紹推薦的書，家庭成員了解彼此的「喜好」重點，也有助於家人間的溝通喔。

※沒有感動全美，但感動了我！
與眾不同的帥氣

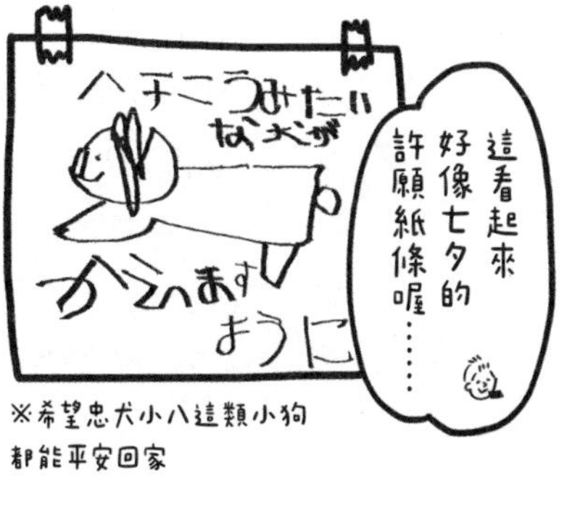

※希望忠犬小八這類小狗
都能平安回家

提示方法

你覺得哪裡有趣呢？

該怎麼寫才能
讓別人也會想讀呢？

有哪些其他書
沒有的優點？

可以加上什麼樣的
廣告標語呢？

POINT

- 在寫推薦卡之前，先試著條列出要點。
- 觀察實體書店裡所擺的推薦卡，研究該如何表達比較好、如何更有效地傳遞訊息。
- 不光是思考文案，還要試著利用彩色筆彩繪或用剪刀剪出可愛造型，以便在視覺上吸引人的目光。

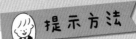

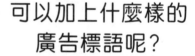

這個科目會進步！

國語 簡報能力、詞彙能力、語言表達能力

製圖 以圖畫來表達的能力

統整要點的能力

在大小有限的紙張上寫下「推薦」的重點，藉此培養出
先在腦內統整要點再訴諸語言的能力。
如此一來，在向他人說明某些事時，便可於短時間內確實傳達，
與他人溝通也會更順暢，長大後仍會有所助益。
不僅限於文字，還要試著想像讀者的立場，並在外觀下工夫，
藉此培養出透過視覺來表達的能力。

延伸遊戲

「廣告標語大對決」！舉例來說，先決定好題材，比如「什麼樣的廣告標語可以讓討厭香蕉的媽媽也想吃吃看呢？」，再比賽誰可以創作出最棒的廣告標語。（答案範例有「疲憊的早晨，來一根香蕉超醒神！」、「香蕉皮，可以設陷阱！」）

game 15

新單字想像遊戲

規則

這個遊戲是要一邊想像新單字的意思，一邊進行創作，或是猜測新單字的真正含意！

在街上行走時、閱讀一本書時、看電視或YouTube等時候，有時會出現孩子「不知道的單字」，如果孩子提出「○○是什麼意思？」的疑問，最好不要立即說出答案，而是反過來問：「你覺得是什麼意思呢？試著想像一下！」

鼓勵孩子從字面或發音（唸法）來找找看是否有類似的單字並預測其含意，或是想像一下有哪些場合會使用該用語，孩子就會好好動動腦。

把這個過程轉化為詞彙想像遊戲來思考各種詞彙的共通點，不局限於一開始啟發的詞彙，還有從中延伸出的用語等，孩子便會漸漸學會享受語言本身的樂趣。

NEWS
喂
喂
媽媽，聽說夏天會出現很多「飛行少年」耶！那些哥哥們可以在天上飛?!
喔！你是第一次聽到這個單字吧！
我們來玩想像問答遊戲吧！
會不會是說生火的少年？應該是「火」行？
我在童子軍裡也有學過，所以我是火行少年!!
※日文飛行與火行同音
原來如此！還有沒有其他字唸法也相同的呢？是什麼新聞講到了這個單字？
新聞播報了幾個看起來很壞的大哥哥！
ㄈㄟ……是「非常識」的「非」嗎？
※日文的非常識爲荒唐之意
NEWS
喔喔，答對了!!
隔天
我今天忘了帶算數的課本……我是個非行少年。
你要好好長大別學壞喔。

提示方法

有沒有別的發音相似的單字呢？

試著想像一下是什麼意思。

這個單字會在什麼情況、怎樣使用呢？

（聽到時）你覺得可能會使用哪個字？

POINT

- 不要立即提示正確的意思，而是以趣味性為優先，一步步想像其中的含意。
- 不要否定孩子的出人意表的預測或想像，而是透過對話逐漸擴展這些想像，即使錯誤也是一種樂趣。
- 語言的發音也有其含意，所以可以試著想想**是否有發音相似的單字**。（比如「毅然」與「自然」、「偶然」與「必然」等）

這個科目會進步！

國語

詞彙與認字能力、
查詢近義詞與
解讀上下文的能力

推理上下文或背景的能力

孩子會開始思考詞彙的含意而不僅限於字面上的意思或發音，漸漸能夠推理上下文或背景，連帶國語閱讀測驗的解讀都變得駕輕就熟。只要孩子在日常中持續享受「新單字想像遊戲」的樂趣，對語言的興趣會與日俱增，還開始主動搜尋新單字，所以也會自然而然地培養出詞彙能力。

延伸遊戲

以適合成人閱讀而難度較高的書籍來進行「新單字想像遊戲」！應該會有很多大人也不懂的單字，不妨和孩子平起平坐來玩看看。比方說，如果孩子對動物有興趣，不要拿為兒童設計的圖鑑，而是利用適合大人閱讀的動物專業書籍等，孩子會比較容易沉迷其中。

game 16

家庭攝影大賽

規則

這個比賽是先設定一個「可愛」、「帥氣」、「療癒」或「秋天」等抽象的主題，再比賽誰能拍出最符合該主題的照片！

比方說，以「有魄力的爸爸」為題，可以從腳下仰角拍攝爸爸盤腿坐著的樣子，若以「寂寞的爸爸」為主題，可以從爸爸後方遠處拍下小而蜷縮的背影好像也不賴。

不妨親子之間互相比較拍好的照片，並發表拍攝時有何考量、運用了什麼樣的巧思，以及構圖與拍攝時的重點。

全家進行最佳攝影大賽並列出排行榜也是不錯的方式。這個遊戲也可以在旅遊時進行，透過每個家庭成員的視角來拍照，還可留下難忘的回憶。

這個月的主題是「帥氣的爸爸」
盡情地拍吧♪
喀擦
喀擦
幾天後……
大腳／妹妹
男人的象徵／哥哥
偶爾化身爲家事男／媽媽
男人沉默是金／爸爸
都沒有人拍我的臉……

提示方法

從哪個角度來拍攝比較符合主題呢？

要從何處拍攝？

想要展現出什麼樣的印象？

從主題來想像，會是什麼樣的照片呢？

POINT

- 試著從上方、下方或側面等平常絕對不會拍攝的角度來拍照。
- 全家一起確認彼此所拍攝的照片是否有傳遞出想表達的意念。
- 到書店購買喜歡主題的攝影集研究「拍攝手法」。

這個科目會進步！

製圖

思考構圖
與結構的能力

國語

作文、說明文、邏輯
表達能力、閱讀文章
並想像情景的能力

傳達與表達的能力

對作品想傳達的意念有所認知並思考整體的構圖，
而非不假思索地拍照，如此才能培養出傳達與表達的能力。
此外，孩子會開始從想傳達的事情來逆向思考，
所以還能獲得便於傳達給他人的客觀觀點。
到了高年級國語課要寫說明文等時候，
這些能力將會是結合主題並建構出整體架構的基礎。

延伸遊戲

將拍攝對象局限於「事物」或「人」的攝影比賽！
（比如「寂寞的家電」、「貓咪的暑假」等）
要做出作品的差異化並不容易，雖然難度提高，
卻有助於揮灑想像力。此外，還可以把拍好的照片放進
相簿，並在排列方式上下工夫，享受創造故事的樂趣。

game 17

比較配對尋寶趣

規則

這是一種尋寶遊戲，先出題，再預測家裡既有東西的長度、重量與比例，從中找出與題目相符的物品。誰能在規定時間之內拿出符合或最接近題目的物品，即為贏家。

題目可以是「剛好30cm的東西」、「剛好1公斤的東西」、「與○○重量完全相同的東西」等，不妨先從尋找長度完全一致的東西開始著手。

漸漸熟練後，便可出些夾雜倍數或分數的題目，比如「長度必須剛好是○○的3倍」、「長度必須剛好是○○的1/4」等。

「重量剛好是T恤的4倍，這個應該符合吧……」像這樣憑著體感來尋找，核對答案時則讓孩子實際測量並計算。

請找出長度爲原子筆5倍的東西！
是5支筆相連的長度嗎？
差不多是從我的頭到肚子的長度吧？
好像在尋寶耶♫
翻箱倒櫃
這個♫
不對，應該有這麼長啦。
媽媽選這個！！
來對答案！5倍長是幾公分呢？
1支是15公分。
要是5倍……75公分！
後背包是3支長，蔥是4支長，球拍……剛剛好5支長♫

提示方法

○○的2/3
大約是多長呢？

開始尋找之前，
先預測幾樣物品吧！

實際算算看吧！

（遊戲結束後）還有沒有
其他剛好符合的東西呢？

POINT

- 如果是低年級，不要使用分數，
  而是使用「2倍」、「一半」等簡單的倍數。
- 尋找時先不要測量，以玩遊戲的方式來進行。
- 判定結果時，應精準測量並計算，
  確認誰的答案最接近。

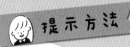

這個科目會進步！

算數

分數、倍數、
比例、單位

單位與比例的概念

可以從遊戲中熟悉長度與重量的測量單位。
此外，運用分數與倍數來比較家中的物品，
當孩子學習算數的分數與倍數時，將有助於在腦中形成
物體的形象。以應用的角度來說，如果題目不局限於長度與重量，
而是運用了長寬比，還可培養出掌握東西比例的能力呢。

延伸遊戲

等孩子升上高年級後，便可挑戰尺寸長寬比的題目！
比如「搜尋長寬比與智慧型手機一致的物品！」、
「找出長寬比接近2：3的東西！」等。

game 18

形形色色搜查隊！

規則

這個遊戲是在與孩子散步的途中，尋找潛藏在街道的各種顏色與形狀。從顏色的角度發出「尋找紅色」、「尋找黃色」等指令，或是從形狀的角度發出「找出○」、「找出△」之類的指令，讓孩子展開搜查！

光是聚焦於特定顏色或形狀，對街道的觀察角度就會為之一變，應該會有不少新發現。互相分享自己的發現，比如使用紅色的東西中有很多○○、黃色較常用在這樣的地方等，會讓這些觀察更具深度。

指定具體之物再來搜尋也是不錯的方式，比如「尋找植物」、「尋找發亮處」、「尋找長椅」、「尋找鏡子」等。透過尋找相同的東西，孩子會察覺到擺放長椅之處的特徵、放置鏡子之處的特徵等，便自然而然地開始意識到社會的結構或人類的行為心理等。等到熟習遊戲後，孩子會主動提議「我們接下來找找○○吧！」

今天來玩「尋找長椅!!」的遊戲吧。
廁所附近，還有店家前面！
都是一些可能要等比較久的地方呢。
SALE
這裡也有！
好像很涼爽♫
感覺可以悠哉地休息呢。
隔天，家裡也擺了一張長椅
害我沒辦法悠哉上廁所……
媽媽都一直站著做菜，所以這裡擺張椅子比較好♫
太低了……
謝謝你……

提示方法

找到最多
紅色物品的人獲勝♪

（找到之後）這樣東西
為什麼是這種形狀與顏色呢？

什麼樣的地方
會有很多○○呢？

還有哪些地方如果
有○○會比較方便呢？

POINT

- 父母也加入搜索，
和孩子一起同樂並分享。
- 如果搜索過程困難重重，可以從旁提醒「如果抬頭看看，會有什麼發現呢？」等，讓孩子留意到還沒找到的重點。
- 拍下找到的東西，再透過相片回顧
來考察該物為什麼放置在該處。

這個科目會進步！

綜合學習

課題發現能力、
觀察力

從多個面向觀察事物的能力

即便是平常就熟悉的地方，只要改變角度仔細觀察，應該會發現至今為止忽略的事物，比如「〇〇的花竟然開得這麼茂密！」等，或是萌生「為什麼會生長在這個地方呢？」之類的疑問。這些練習往後會關乎到隨著探究式學習備受重視，而變得不可或缺的發現課題能力。此外，一旦開始有意識地觀察，看到的景色就會有所不同，當孩子體驗到這點，也會察覺到學習的意義（知識增長後，對事物的看法也會改變）。

延伸遊戲

搜尋形狀或圖案會因地區而異的東西！
以「郵筒」為例，可以找到
圓形、四角形、較高、較矮等不同的形狀。
如果題目是「人孔蓋的設計」，
透過「誰可以找到最多類型」、「誰可以發現獨特的設計」
等觀點來競爭也是不錯的方式。

game 19

什麼東西都能玩骨牌

規則

這種骨牌遊戲是以家中任何物件來充當骨牌，打造出可以讓物件依序倒下或滾動的機關或有趣的裝置。

一開始不妨先從目所能及的任何東西著手，試著一一排列並推倒。孩子應該會漸漸自行添加創意巧思。

書本、尺、夾子、紙、寶特瓶、空盒、瓦楞紙箱、免洗筷等形狀、大小與重量各異的東西，組合無限多。試著加入一些稍微奇特的機關也是不錯的方式。

父母也可以提出「可以途中加入這個嗎？」的建議，將各式各樣的東西加進去，只要能刺激孩子的挑戰心理，就會玩得更加熱烈。

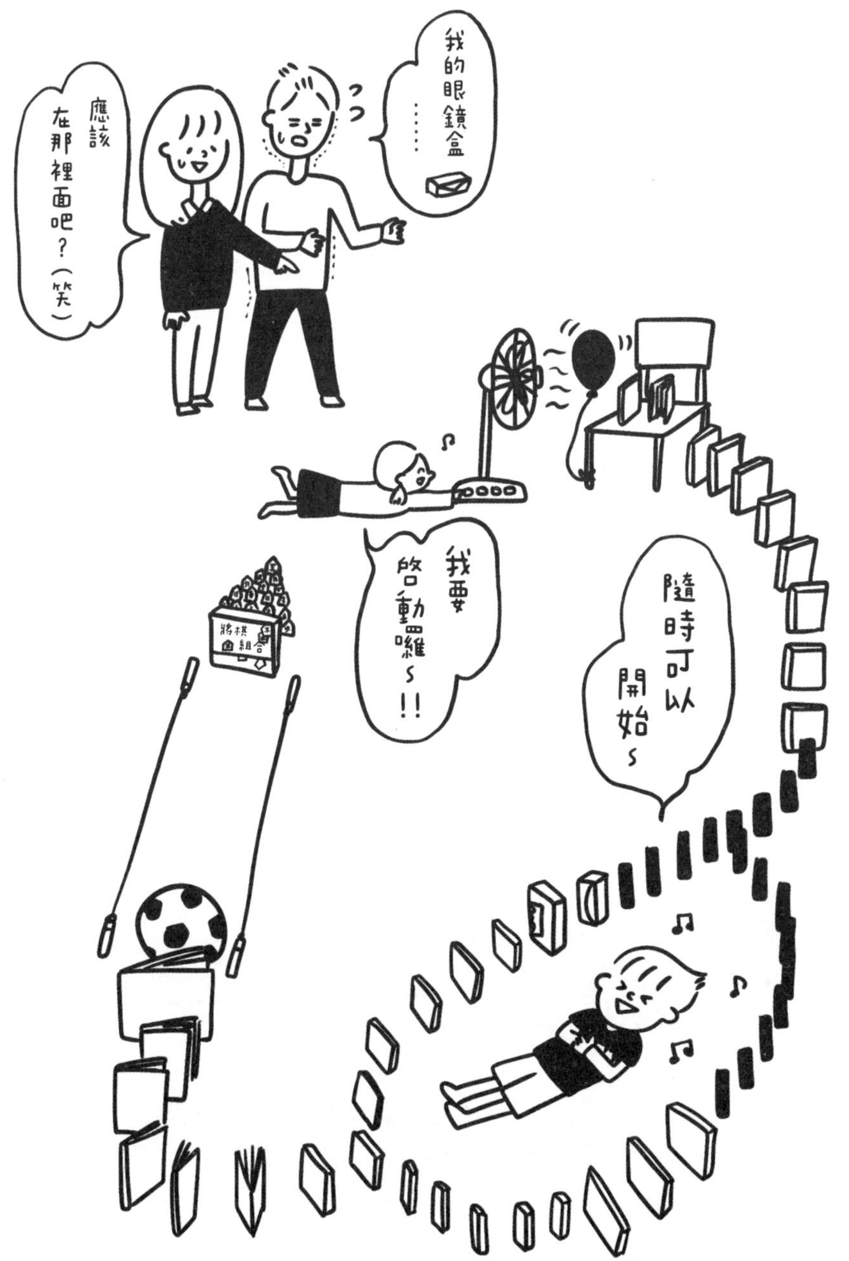
應該在那裡面吧？（笑）
我的眼鏡盒……
我要啓動囉～!!
隨時可以開始～
將棋組合

提示方法

要如何讓小物件
推倒大物件呢？

要如何讓骨牌
一階階往上？

〇〇這個機關
真有趣。

（失敗的時候）
該如何才能讓它倒下呢？

POINT

- 不光是「推倒」，還可以打造一些
讓彈珠之類的球體「滾動」等的機關。
- 像瓶子之類的圓狀物是否也可以立起來再推倒？
或是改成側放滾動的機關？從旁給予這類提示。
- 倒下方式會因擺放方式而改變，
所以要留意頂部與底部等物體之間相碰的位置。

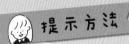

這個科目會進步！

理科

物體的運動、
作用力向量、槓桿原理

製圖

立體物的創作

理解物理機制的能力

讓孩子思考物體是如何倒下、滾動，
以及如何並排好讓機關產生連鎖效應，
藉此學會想像力量的傳遞方式，奠定國、高中學習物理時的基礎。
此外，一開始打造的機關很少一舉成功，所以還能在遊戲過程中
習得鍥而不捨地在試錯中摸索的能力！

延伸遊戲

**不妨制訂一些條件，比如務必加進一些難度較高的機關！
設定「一定要用到繩子與原子筆」、「添加索道等機關」、
「希望看到運用整個家的空間所打造出的動態機關」
之類的規則，激發孩子的想像力與挑戰欲吧。**

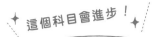

game 20

模糊記憶繪圖賽

規則

企業或店家的商標、商品的包裝、動畫的角色等，明明是平常很熟悉且常見的東西，卻無法記得一清二楚……。這個遊戲便是以這類記憶模糊的事物為題，試著喚醒記憶來繪圖！

比方說，行人號誌燈裡的小綠人（是向右還是向左？有無戴帽子？）、交通IC卡上的圖案、喜歡的點心的外包裝、自家門把的形狀、家中洗手間四周的格局、常去的公園裡的遊樂器材配置、自己居住地區的吉祥物等，我們身邊有很多記憶模糊的事物呢。

提議「一起試著憑模糊的記憶描繪〇〇吧！」全家畫得最準確的人即為贏家。畫完後，不妨看著實體物品來核對答案。還可以全家擬定一份評分標準，比如「捕捉到整體特徵可得〇分」、「細節部分的準確性高則加〇分」等，以此來競賽。

在晚餐煮好前，來一場模糊記憶繪圖賽吧♫
題目是「綠燈號誌裡的小綠人」!!
OK!
小綠人有戴帽子嗎……?
時間到～要對答案了!
數到三就公布自己的畫♫
鏘!
解答
爸爸
哥哥
妹妹
大家都差一點，真可惜……

提示方法

為了公平決勝負，先決定
一個負責出題的人吧！

誰可以畫得
比較準確呢？

時間限制為
5分鐘。

請試著回想
一些細節。

POINT

- 即便對自己的記憶沒有信心，還是先畫再說。
- 以孩子喜歡的事物為題目。
- 適度地以記憶模糊的事物為題目。
（例如：「幾年前讀過的故事書中喜歡的角色」等）

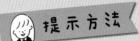

這個科目會進步！

理科　製圖

理科	觀察力
製圖	描繪想像物的能力

觀察力與視覺記憶力

讓孩子培養出興致勃勃觀察事物的素質。此外，當孩子具備觀察「哪些地方有哪些東西？」或「是什麼樣的東西？」並記憶的能力後，就會養成提取視覺記憶的習慣，比如「這道考題說的是出現在理科課本某處的圖片吧！」、「應該是在描述那張照片的內容吧」等，提高整體學科學習力的效果可期。孩子在理科中觀察並記錄牽牛花等時，會多留意細部的樣態與變化等，也有助於提升注意力。

延伸遊戲

預測題目中的商標或包裝的設計含意！
考察「為什麼以這種動物為角色？為什麼臉是圓的？
為什麼大眼睛看起來比較可愛？」等，
將有助於發展分析能力。

game 21

不用名字搜尋出答案！

規則

這個遊戲必須先決定一個「官方網站」作為答案，接著親子展開搜尋對決，挑戰看看誰能讓該網站出現在搜尋結果的前幾名！

在搜尋欄位輸入的文字，不可以直接使用該網站的名稱。一開始先從「1個」關鍵字開始，如果搜尋結果並未出現答案（＝「官方網站」），不妨改成「2個」、「3個」等，逐漸增加可使用的單字數！

最先讓答案（＝「官方網站」）出現在搜尋結果前幾名的人即為贏家。最好先決定好每個人回答的順序，再輪流搜尋。

答案最好設定為點心名、商品名、企業名或觀光勝地等有官方網站的名詞。只要以孩子有興趣的事物為題，他們就會很努力地投入其中。

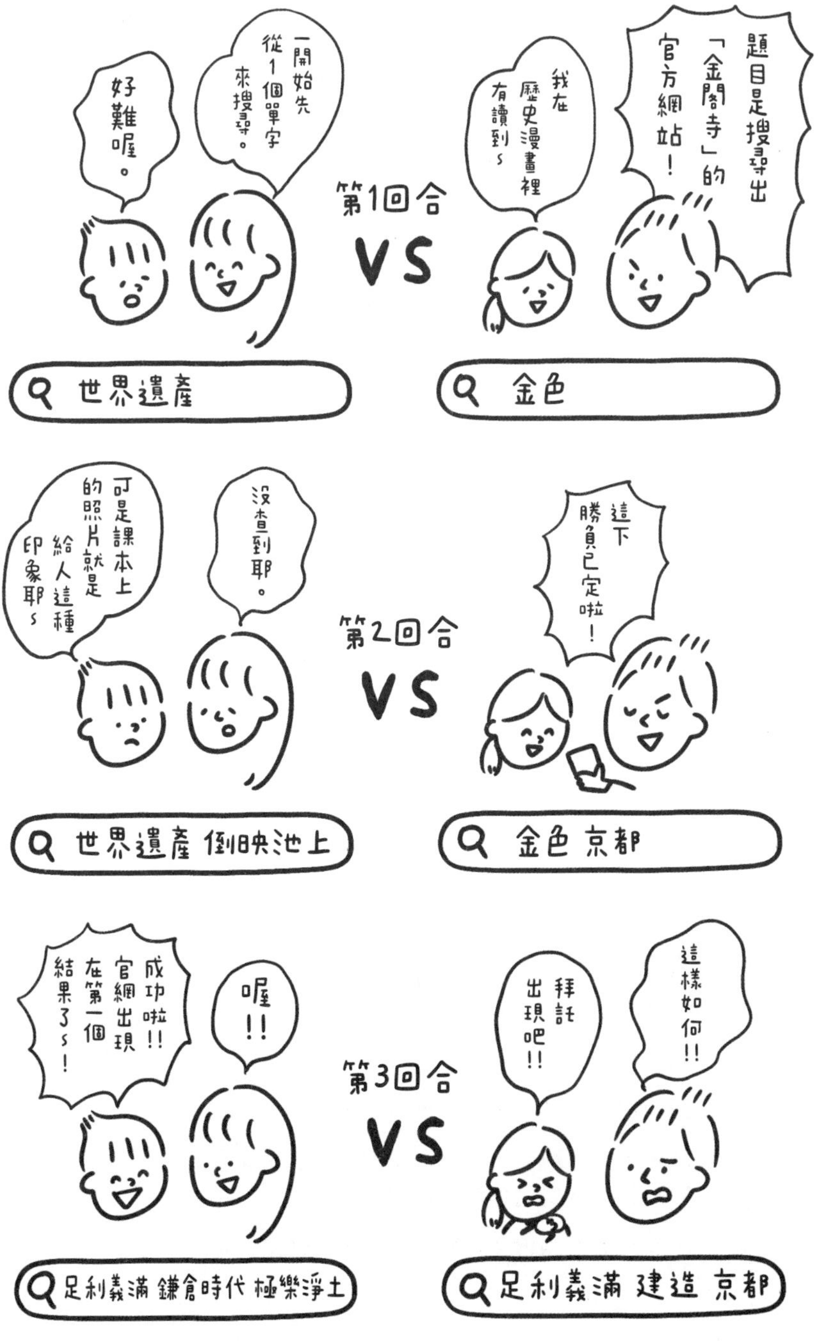
第1回合
VS
一開始先從1個單字來搜尋。
好難喔。
世界遺產
題目是搜尋出「金閣寺」的官方網站！
我在歷史漫畫裡有讀到～
金色
第2回合
VS
沒查到耶。
可是課本上的照片就是給人這種印象耶～
世界遺產 倒映池上
這下勝負已定啦！
金色 京都
第3回合
VS
喔!!
成功啦!! 官網出現在第一個結果了～！
足利義滿 鎌倉時代 極樂淨土
這樣如何!!
拜託出現吧!!
足利義滿 建造 京都

提示方法

哪些關鍵字可以
淺顯易懂地說明〇〇呢？

與〇〇相關的單字
有哪些？

只要進入搜尋結果
前5名就算贏吧！

到目前為止，什麼樣的
搜尋方式比較能成功呢？

POINT

- 不得輸入「官方」這個單字，
  因為答案會立即出現在檢索結果中。
- 反思**哪些檢索方式會成功、哪些會失敗**，
  將訣竅及其重點整理成筆記。
- 一開始以團體戰來挑戰，由父母從旁輔助。

這個科目會進步！

程式設計
資訊檢索能力、
使用數位機器的能力

國語
詞彙能力

資訊檢索能力

可以在遊戲過程中學會網路搜尋的訣竅。
資訊檢索能力上的差異將會導致資訊差距，所以極其重要，
是往後時代必須具備的技能。如果孩子不會電腦打字，
不妨讓他們說出想查詢的文字，再由父母代為輸入。
孩子應該會漸漸想自己去接觸，這種時候就任由孩子去練習，
以便熟習這些機器。「不用名字搜尋出答案!」是一種用其他詞彙
換句話說的遊戲，所以也能期待有提升詞彙能力與說明能力的效果。

延伸遊戲

「只用1個單字搜尋」，一次決勝負！
題目不妨從孩子有興趣的事物開始，
也可以挑戰具學習性的單字，比如歷史上的建築物、
世界遺產、教科書上的專有名詞等。
（別忘了事先設定一個官方網站作為答案！）

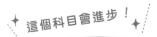

game 22

隨心所欲的喜歡排行榜

規則

在這個遊戲中，可以隨心所欲地針對任何事物加以排行，比如電影、動畫、電視劇、當中喜歡的場景、喜歡的科目等，並互相發表榜單。

比方說，以「麵包超人中最喜歡的角色TOP5」等為題，每個家庭成員各自進行排行，再互相發表，從第5名到第1名，並說明理由！

平常的對話往往僅限於「我喜歡○○」，但若透過「相較於那個，我比較喜歡這個」、「理由是……」來加深對話，會讓孩子開始彙整自己的意見並動腦思考。

詢問孩子「為什麼？」但孩子不知該如何回答的情況下，不妨改問「你覺得哪個部分好呢？」等，改變表達方式來降低回答的難度。

即便題目相同，每個家庭成員的排名與理由應該都不一樣，讓孩子把目光放在感受上的差異，將有助於拓展眼界。

欣賞完動畫電影後……
今天來玩「令人心跳加速場景排行榜」的遊戲吧。
爸爸的第1名是一疊疊紙鈔在空中飛舞的那個場景，太令人嚮往了~
我選兩個主角牽起手的那一幕!!
我覺得是車子開在山坡上的那場戲。
大家的答案都不一樣耶!!
畢竟令人心跳加速有很多種含意，恐懼和嚮往都算呢。

提示方法

你有沒有想要排名的東西呢？

第1名與第2名的差距是什麼呢？

你覺得好在哪裡呢？

你對媽媽的排行榜有沒有什麼地方特別感興趣？

POINT

- 不妨連排行榜的題目都由孩子來決定。
- 親子之間互問相同或不同排名的理由，藉此加深對話。
- 善用孩子談論「愛好」時的熱情，透過提問不斷引導孩子侃侃而談。

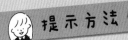

這個科目會進步！

國語

作文、簡報能力

察覺多元的價值觀而學會寬容

如果小時候凡事以自己的「喜好」為先，往往也會強行加諸於人，透過討論排名的理由，讓孩子察覺到與自己不同的價值觀，也能培養出一顆尊重他人之心。此外，像這樣在特定範圍內進行比較，不但可以學會分析，還可磨練簡報能力，想辦法將自己的想法傳達給對方。

延伸遊戲

走訪美術館或博物館時，可以挑戰「喜歡的展品BEST5」、「有點毛骨悚然的展品BEST5」之類的排行榜！孩子會為了排出順序而更深入去觀察。待孩子完成排行榜後，也要詢問其中的緣由。

game 23

摺紙剪紙畫大解謎

規則

對折多次，將色紙折成三角或四角形，再用剪刀剪出多個切口，然後打開來看看，即可完成左右對稱的美麗圖案（剪紙畫）。這個遊戲是先由親子各自製作喜歡的剪紙畫，再交給對方，挑戰重現一幅一樣的剪紙畫！

彼此製作剪紙畫，誰能較快速且正確重現原圖，誰就是贏家。用剪刀裁剪之前，最好先好好預測完成圖，而不是瞎猜一通就開始剪。

製作剪紙畫時，對折次數與裁剪處愈多，形成的圖案會愈複雜。

建議一開始先降低難度，加上「對折次數與裁剪次數最多各2次」等限制。待孩子熟練後，再嘗試在沒有限制的情況下，重現複雜的剪紙畫來一決勝負。

請跟我交換作品。
能夠快速重現相同圖形的人就算贏！
我剪好了♪
媽媽的看起來好難……

大家的作品

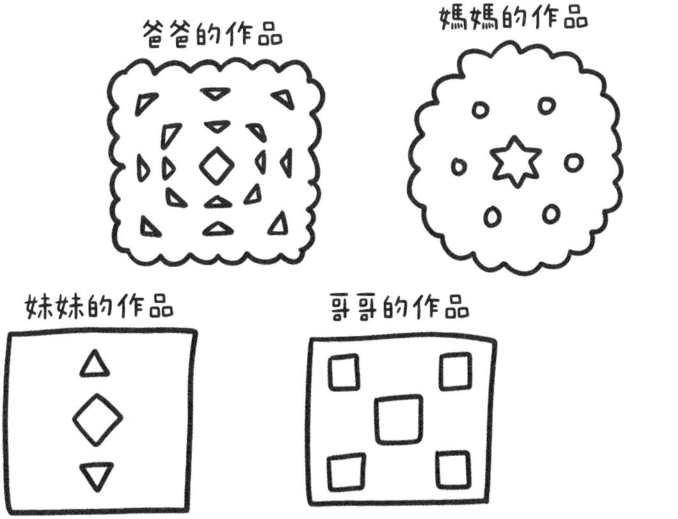
爸爸的作品
媽媽的作品
妹妹的作品
哥哥的作品

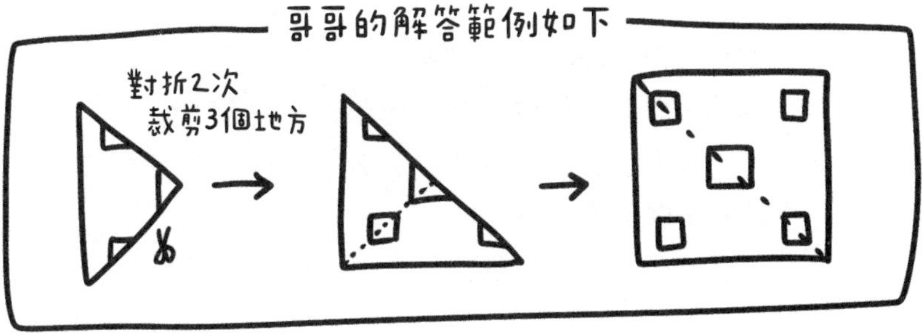
哥哥的解答範例如下
對折2次
裁剪3個地方

提示方法

我們以對折和裁剪次數
共6次來決勝負吧！

這個剪紙畫的圖案
有裁剪掉某個部分吧？

先想想看是
怎麼折出來的吧？

試著多嘗試幾次
來確認有什麼不同。

POINT

- 作為題目的剪紙畫上會有摺痕，
  一摸便可立即得知答案，所以**只能看不能摸**。
- 即便錯了也無妨，可以**比對展開的剪紙畫**，
  思考是少剪了哪一個切口。

這個科目會進步！

算數

解讀圖形
與對稱性的能力

對平面圖形的興趣與圖形概念

孩子會開始憑感覺來掌握出現在算數圖形題中的圖形。
如果未能實際掌握到感覺，就會很難想像，導致圖形題成為孩子不擅長的領域，但其實只要動動手，就可以奠定圖形感覺的基礎。
算數中有所謂的「線對稱與點對稱」，國高中的數學中則有座標單元，在這些學習中，透過剪紙畫所培養出的對稱性感覺也能派上用場。
此外，還能培養出在試錯與摸索中找出答案的韌性。

延伸遊戲

上網搜尋一些複雜的摺紙剪紙畫作品來挑戰重現！
孩子會著迷於製作自己獨有的美麗剪紙畫。
不妨多方嘗試看看，比如刻意採用奇怪的折法，
或是讓裁剪的形狀變複雜等。

game 24

循環式文字接龍

規則

「循環式文字接龍」就是要複述前一個人所說的詞彙，再依序接下去！持續愈久，單字數會逐漸增加，所以愈後面難度會愈高，不過這種絞盡腦汁的辛苦模樣也是讓全家人興致高昂的重點。

當孩子熟練玩法後，再加上規則來提高難度，即限用特定主題相關單字的「限定式接龍」。將主題設定為孩子熟知的類型，比如「食物」、「生物」、「遊戲角色的名字」、「車站名」、「歷史人物名」等，他們應該會更興致勃勃地投入。

不妨限用片假名的單字或紅色的物品等，安排一些單字上的限制（條件）來提高難度！

也可以設定一些退路並互相合作，好讓遊戲持續久一點，比如讓家庭成員分組競賽，或是「難以回答時，最多可以跳過2次」等。

來玩「循環式文字接龍」吧！從媽媽開始，民……民間傳說！
民間傳說、說不出口的祕密。
民間傳說、說不出口的祕密、密西西比河三角洲！
民間傳說、說不出口的祕密、密西西比河三角洲、週休二日假期!!
大家不要選這麼長的詞嘛～會接不下去呀！
密西西比……什麼？
……
媽媽快一點～♫

提示方法

今天試著用蔬菜名來玩接龍吧？

要設定什麼條件呢？

你是怎麼記住的？

還想增加什麼樣的規則？

POINT

- 目標是全家同心協力讓接龍愈接愈長，而非分出勝負。
- 讓孩子想出一個能讓全家一起同樂的適當主題。
- 分析文字接龍「成功」或「失敗」的原因。

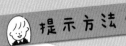

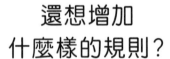

這個科目會進步！

國語
社會

詞彙能力

公民

短期記憶力

這個遊戲會訓練孩子在短時間內記住大量單字，進而學會記憶的訣竅，比如透過歸類來記憶，或用字首、視覺印象來記憶等。
有意識地尋找屬於自己的背誦技巧會更有效率！
彼此互問「你是怎麼記住的呢？」，再加以仿效也是不錯的方式。
這些在背誦科目等學習上也會有直接的助益。此外，
思考對大家都公平的規則，應該也可以為國中社會科公民課程中對制訂社會規範的討論奠定良好的基礎。

延伸遊戲

「限定英文字母」的循環式文字接龍！
只以英文單字來玩文字接龍，可增加英文詞彙能力。
不妨從較寬鬆的規則開始進行，比如放一本中英辭典在旁，「最多可以查3次辭典」等。

game 25

國旗設計師

規則

從自己的國家開始著手，延伸至喜歡或感興趣的國家，試著根據這些國家的特色來自由發想，設計出符合自己喜好的全新國旗。

首先，由每個家庭成員各自列舉出喜歡該國家的哪些事物，以及其他國家所沒有的特色。

從該國家中找到自己覺得不錯的特色後，不妨透過插畫或顏色來呈現，描繪成一面國旗。

每個家庭成員互相展示各自繪製好的國旗，並發表為什麼採取這樣的設計。

掌握到訣竅後，不妨查詢自己喜歡或感興趣的國家的國旗設計背後有何含意，試著著眼於其特色。思考國旗設計的過程中，會愈來愈了解那個國家，所以世界上有多少國家，就能享受多少樂趣呢。

說到日本的特色，有哪些事物是世界知名的呢？
我覺得是櫻花♫
拉麵、動畫，還有……有禮貌!!
應該是溫泉或製造工藝吧。
我們試著活用這些特色來設計國旗吧♫
這是爸爸的設計。
那是哪個國家的國旗？
顏色是褐色配白色呢。
看起來很像咖哩飯。
是印度!!
聽說那裡的學校會教學生背誦到20×20的計算喔～
20
20

提示方法

這面國旗為什麼是
這樣的設計呢？

為什麼會選用
這個顏色呢？

有沒有參考
哪個國家呢？

這個形狀
有什麼含意嗎？

POINT

- 父母也來挑戰製作國旗，並針對與孩子製作的國旗之間的差異展開對話。
- 查詢現有國旗的顏色與設計的含意，比如「日本國旗的紅色圓形有什麼樣的含意？」等。
- 逐漸將題目擴大到常吃的進口食品的產地、電影或動畫的舞台、只知道名稱的國家等。

這個科目會進步！

社會

世界史、地理

對世界的興趣與國家的背景知識

孩子會為了做出全新的設計而查詢國旗的含意，
並在過程中學習每個國家的歷史、宗教、文化與氣候的相關知識。
孩子會自然而然地萌生「為什麼伊斯蘭國家的國旗會使用新月？」
之類的疑問，並為了設計更具真實感的國旗而自動自發地查詢。
只要準備好國旗相關書籍、地圖書、歷史書等，孩子就能進一步深入學習。
如此一來便可拓展世界觀，光是觀察國旗就能想像該國的起源與發展。

延伸遊戲

「這是哪個國家的國旗？」益智問答！等孩子對國旗產生興趣後，不妨試著依「南十字座」、「星星」、「十字」等通用圖案、「紅」、「藍」、「綠」等顏色分類，再預測並查詢國旗的含意。參考已經記住的顏色含意或圖案，挑戰「這是哪個國家的國旗？」的益智問答。

game 26

解決煩惱的規畫師

規則

這是一個出主意的遊戲，讓孩子思考當家人有某些煩惱時，該如何愉快且有趣地解決問題。

不妨以一些瑣碎的煩惱作為議題，全家一起腦力激盪，比如：如何讓討厭的收拾工作變得有趣？如何購物才能讓每個人都覺得滿意？如何防止爭搶電視或智慧型手機？等。

誰提出讓大家一致認為「最有趣！」的想法，誰就是贏家。建議也可以在出外旅遊時，以「如何才能走訪所有想去的地方？」等旅遊規劃作為題材。

如果能用孩子出的主意來解決日常煩惱，讓生活變得更為舒適，也能培養孩子的自尊心。將煩惱時的消極心情轉化為愉快的創意或笑聲來加以化解，也有助於緩和與家人或朋友之間的關係。

我們家每個人都不喜歡收拾呢。
該怎樣讓收拾變得有趣呢？
製作一個可愛的收納箱如何？
收拾完可以得到啤酒當獎勵！
播放收拾專用音樂!!
好像很好玩～♫
音樂要開始囉♪
看起來好像很歡樂，至於成效就算啦……

提示方法

如何讓〇〇更有趣？

如何開心地
解決〇〇呢？

什麼時候來試試看
這個點子呢？

誰能想出最搞笑的
主意呢？

POINT

- 享受思考並討論想法的時光，
  而非一本正經地思考解決之策 。
- 想出有趣的解決主意後，實際執行看看。
- 實際執行卻不順利的話，再試著想想別的點子。
- 互相討論「家裡每個人都沒有意識到，
  但其實很令人困擾的事」，從發現問題開始挑戰。

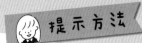

這個科目會進步！

社會
綜合學習

環境與生活

發現課題的能力、
解決課題的能力、
發想力

創意發想力

可以培養孩子在問題發生時，積極思考解決之策的態度。
此外，當事情進行得不順利時，孩子不會認定「失敗了」就不了了之，
而是會正向解讀為「既然發現這個方法行不通，也算是前進一步了」，
就此養成正面對決、不輕言放棄的習慣。
透過靈活的發想力，有創造性地解決問題，這樣的能力在將來的
各種工作中也能發揮作用。一旦孩子學會享受解決煩惱本身的樂趣，
應該就能將他們培育成面對任何事情都能靠自己想辦法並付諸行動的人。

延伸遊戲

**這個遊戲是先由所有家庭成員互相提出大量的煩惱，
像待辦清單般按難易度排序，再從難度低的事項開始
依序解決！試著把待解決的課題轉化為遊戲並持續解決，
比如「上次已經解決到第7關的煩惱，
今天挑戰到第10關吧！」等。**

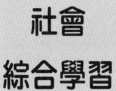

game 27

音效創造師♪

規則

這個遊戲是要化身為音效創造師，利用家中現有的面紙盒、寶特瓶、陶器、筷子、玻璃瓶等，創造出從未聽過的有趣聲響，或是模擬出某種事物的聲音！

不妨嘗試各種方式來發出聲音，比如試著敲打、摩擦、滾動，或是裝些東西進去，再像沙槌般搖晃看看。

從事動畫等音效製作的人也會利用「將紅豆放入篩網中進行搖晃」的方式來製造海浪聲，或在日常用品上下工夫，互相搭配組合來創造聲音。

發現獨具特色的聲音時，便用智慧型手機錄音，再出題來考考家人「猜猜看這是用什麼東西製造出來的聲音呢？」或是挑戰競賽遊戲，以「人的走路聲」、「風聲」、「以刀戰鬥的聲音」等為題，看誰能夠製造出最逼真的聲音。大家隨著音樂製造出原創聲音來演奏也別具樂趣呢。

這是什麼聲音呢？
沙
沙
喔喔，是海浪的聲音♫
哇～聽起來很逼真耶。
還可以這樣玩遊戲喔。
用沾濕的手指來摩擦對吧！
好好聽!!水愈少，聲音就愈低沉呢♫
啪啪！
啪啪！
很好～繼續打!!
聲音聽起來好像真的在對打呢～

提示方法

可以用什麼東西來重現
動畫中○○登場時的聲音呢？

會發出什麼樣的
聲音呢？

你覺得錄音中的聲音
是用什麼東西製造出來的？

可以發出更低沉
或更高亢的聲音嗎？

POINT

- 先把享受的感覺擺第一，試著用東西互相撞擊，或是敲打，並確認會發出什麼樣的聲音。
- 用狀聲詞將發出的聲音記下來，比如「乒！」、「砰！」等。
- 互相比賽，大量製造出全新的聲音，或是類型各異的聲響。

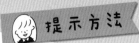

這個科目會進步！

理科	聲音的性質、物理（聲波、共鳴）
音樂	對聲音的興趣

理解物體的性質與聲音的性質

以玻璃杯為例，同款玻璃杯與不同款玻璃杯的發聲方式會有所不同。
像這樣從「聲音」的角度切入，可以培養孩子對物體性質的興趣與理解，
這在理科是相當重要的。在物理課上學到「共鳴」時，
若能事先體驗到同款玻璃杯之間會因共鳴而震動，也有助於加深理解。
此外，在實際嘗試發出聲音的過程中，也是逐漸加深
對音樂的興趣的好機會。

延伸遊戲

**這個遊戲是要在備好的多個杯子中
倒入不同的水量來製造音階！
用沾濕的手指畫圈摩擦杯緣處即可發出聲音。
此外，查詢一些專業的音效技巧
並試著在家重現也很有趣。**

game 28

中文字獵人

規則

這個遊戲要先決定一個中文字作為題目，再比賽可以說出多少個用了該中文字的詞彙。

舉例來說，如果以含括「生」這個字的詞彙為題，符合的有「生物」、「生活」、「生產」、「人生」、「一生」、「生存」、「生啤酒」等。

也可以使用有不同讀音的破音字。另外，不妨把範圍擴大到慣用語、四字成語、諺語與動詞，再依序回答「帶有〇字的詞彙」。

範例：

「日」→星期日、值日生、日本、日出、生日……

「正」→正確、正義、正直、正月、名正言順……

「音」→音樂、音色、音響、高音、噪音……

先由家人自由訂定規則，比如「歷史人物的名字也OK！」等。親子一起在街道散步時所看到的字，或是對話中出現的字等，隨時都可以藉機展開這個遊戲。

看來還會塞很久呀……決定了！我們來玩遊戲吧！比賽看誰可以說出最多包含「正」這個字的詞！！
牙齒矯正！！
正月。
正義的夥伴♪
還有方方正正也是呢。
正直！！就是在說我。
正岡子規！哥哥有聽過這個人名嗎？
正方形♪
爸爸是真正的老練駕駛♪
我無論何時都會正大光明地奮戰！！
我也知道~
那是你常看的動畫台詞吧。

提示方法

這個字還有其他唸法嗎？

你想用哪個字來試試看？

這個字有什麼樣的含意？

以目前為止出現過的單字為線索來找找看吧。

POINT

- 應選擇孩子在學校已經學過的簡單中文字作為題目。
- 先思考**中文字的含意**，再以此開始聯想，較容易想起各種慣用語。
- 如果孩子著迷於這個遊戲，可試著提供**字辭典作為攻略**。

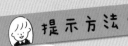

這個科目會進步！

國語

中文字、詞彙的含意、詞彙能力

理解中文字含意的能力

孩子會開始深入思考中文字的含意而比較容易牢記不忘，還能消除對學習新字的排斥意識，學會如何思考，在國語課上要求寫出字詞含意的測驗中，即便是不知道的字，也能從字形中推測出意思而得出答案。孩子會漸漸憑感覺掌握到同一個字也會有各種意思，比如「生這個字，是沒煮熟的意思？也有生存的意思，對吧？」等。將使用同一個字的詞彙按照意思加以分組，比如「生啤酒與生雞蛋」、「一生與人生」等，也可以提高學習的效果。

延伸遊戲

新增規則，比如「僅限兩個字的慣用語」、「僅限●這個字開頭的詞彙」、「在規定時間內可以寫出多少個詞彙？」等。加上限制即可提高遊戲的難度，所以還可進一步鍛鍊詞彙能力。

game 29

銅板創業當老闆

規則

給孩子500圓作為「小朋友公司」的創業資金，試著讓他們各自開創一個家庭限定的事業。這是一個把家人當作顧客並不斷增加收益的遊戲。

舉例來說，在家裡開一間按摩店。用手按摩的話，體力只能持續10分鐘，但如果到雜貨店購買工具，即可延長按摩時間又不會累壞手，或許就能拉長營業時間。

此外，使用工具還可以增加力道，顧客滿意度因而有所提升，便可稍微提高價格。不妨試著像這樣費些心思來增加收益。

調查顧客的心聲，進而增加獲利，是身為小老闆的挑戰，比如顧客反應「不光是按摩，如果能熱敷肩膀來緩解痠痛會更好」，於是決定購買觸感較佳的毛巾等。

不要只是每個月給零用錢，而是轉換成學習的機會，便可讓孩子快樂地學會金錢觀！

要不要試著在家裡開一間自己喜歡的店？創業資金是500圓！
當老闆遊戲嗎！開咖啡館好像很有趣！
進貨要花不少錢呢。你有辦法增加利潤嗎？
隔天，我家開了一間按摩店！
推拿太郎
15分鐘
100圓
這價格設定不錯呢。
以我的力道來說，差不多是這個價錢吧。
你參考了市區的店對吧。
開業5天後
推拿太郎
30分鐘
400圓
咦，漲價了啊。
推～♪我花100圓買了這支來提高滿意度。
這樣比較不會累，就可以拉長營業時間了呢。
附滾輪不求人按摩器

提示方法

要不要用自己的專長來開店？

你想嘗試開一間什麼樣的店？

不妨問問看客人有什麼感想？

採購什麼東西可以提高服務的品質呢？

POINT

- 要孩子自然而然地察覺到顧客的需求並非易事，所以應告知具體的感想或要求。
- 在筆記本上記錄收支（營業額・成本・利潤）。
- 試著製作讓商店更有模有樣的物件，比如按摩券等。
- 訂下1個月的銷售目標。

這個科目會進步！

算數 含有未知數的計算、應用題

社會 形形色色的產業

體察他人感受的能力
理解損益表結構的能力

發現人們希望自己做的事，並費心思讓人們滿意，可以讓孩子體察他人感受的能力有所成長。這些不僅在出社會後會有所助益，還能讓孩子成為看到有難之人願意伸出援手的人。

此外，從小學開始，算數就會出現「求解未知數的計算」，所以思考「為了獲得〇圓的利潤，進貨應控制在多少圓？」等，等同於自己設計公式，會是不錯的體驗。透過成本計算等而具備算數的計算能力，還能了解他人的感受，掌握快樂做生意的訣竅。

延伸遊戲

讓孩子挑戰需要採購或工具而稍微複雜的買賣，比如從自行購買咖啡豆或工具開始著手，再沖泡咖啡並提供給顧客。要花費多少本金？必須賣出幾杯才能獲利？全部賣出的話，每杯的利潤大約是多少？等，必要的計算範圍也會擴大。

game 30

年表時空旅人

規則

這個遊戲是要採訪爸爸、媽媽或爺爺、奶奶關於他們的人生事蹟，從開心的到悲傷的大小事，把每個人的回憶寫成「家族新聞」，並製作原創的年表。

要加入什麼樣的故事？該做什麼樣的採訪？只要配合孩子的興趣，製作一份隨心所欲的年表，即可享受如穿越時空旅行般的樂趣。

「爺爺其實跟歷史人物○○同年齡！」、「媽媽小時候，○○正流行」等，像這樣加入當時的新聞、名人生平、流行的事物、熱賣商品等，即可掌握那個時代的氛圍。

一開始不妨先由爸爸或媽媽開始，試著提出與自己年代相關的問答題。從爸爸、媽媽孩提時期的事情開始分享，便可與當代的狀況對照，孩子會比較有興趣。

	1955年	1970年	1980年	1985年	1987年	1995年	1996年
家族新聞	爺爺出生（與比爾·蓋茲同年）	爺爺立志成爲職業保齡球員	爸爸出生（與松坂大輔同年）	媽媽出生（與瑪利歐同年）	爺爺買車	爸爸在兵庫遭逢地震與火災，過著避難生活	媽媽沉迷於電子寵物機
日本新聞	北陸隧道建設啟動	大阪萬博	微型電腦時代（個人電腦的原型）	泡沫經濟 →	手機 開始徵收消費稅	泡沫經濟破裂	阪神大地震

提示方法

○○是爸爸幾歲時發生的事？

你覺得這個時代都流行些什麼呢？

有哪些名人跟奶奶同年齡呢？

你有問到什麼有趣或感到意外的事嗎？

POINT

- 接受孩子的訪問時，也要鉅細靡遺地講述那個時代的事件等。
- 談及名人的故事或是加入問答要素讓孩子提起興趣。
- 比較所有家庭成員在同樣年紀時的模樣，比如「對照爺爺、媽媽與孩子各自在10歲時的生活樣貌」等。

這個科目會進步！

社會

歷史、近現代史

對歷史產生興趣

了解身邊家人的過去，會讓孩子開始將近現代的歷史與自身的關係連結起來思考。此外，高中的社會課也是採用從近代回溯至古代的學習方式，所以這樣的經驗將有助於理解近現代史。若能透過採訪家人來鍛鍊調查欲知事物的能力，對將來寫論文或研究也會有所助益。

延伸遊戲

試著讓孩子以電車、家電、電話或偉人等自己感興趣的題材來彙整原創的歷史年表。建議也可以把範圍擴大至更久以前的時代，針對有興趣的時代製作一份原創年表。（例如：試著比較織田信長的人生與當時的世界歷史。）

嘗試自創新遊戲！

到目前為止介紹了30種遊戲，大家覺得如何？
要從哪一種遊戲開始挑戰都無妨，請務必和家人一起
從中挑選比較有感覺的遊戲並試著玩玩看。
每個孩子著迷的事物不相同，所以沒必要全部都玩遍。
如果覺得哪個遊戲比較難，便自行加以調整，
改以較容易進行的形式多玩幾次
來增加學習的機會，就再好不過了。
待這30種遊戲大部分都玩過且熟習後，
請務必嘗試挑戰自創新遊戲。
在此想傳授大家一些學習遊戲化的訣竅。

創造遊戲的訣竅① 化為謎語或益智問答

如果只是記下知識或解決問題，孩子很難提起幹勁，不過單是改為益智問答或解謎的形式，就能讓他們的眼睛為之一亮。要製作益智問答或謎語並沒有那麼困難，所以也很推薦給初學者。請想像一下電視上的益智問答節目或解謎娛樂節目，試著自創新的謎語與益智問答。

例：「推理翻譯」、「新單字想像遊戲」、「今日心情與行動問與答」

創造遊戲的訣竅② 進行實驗

雖說是實驗，卻不僅限於正規的理科實驗。所有實際試驗看看並確認結果如何的行為，皆可稱為「實驗」。其實日常生活中充滿實驗的主題，比如荷包蛋的加熱狀況、哪些東西可以在浴缸中浮起，有哪些不行等。大家一起找出感興趣的事項，再思考「如果試著改變這裡，會如何呢？」嘗試自創新的實驗遊戲。

例：「發現最佳荷包蛋之路」
「會浮起來還是沉下去？」
「光線照射遊戲」

創造遊戲的訣竅③ 探險與收集

許多孩子最喜歡四處探索，看看能發現什麼，或是收集某些東西來收藏。如果將找到的東西或收藏的東西記錄在筆記、照片資料或檔案裡，或是繪製成地圖等，會變得加倍有趣。這是需要稍微花點時間的遊戲形式，但好處是可以不疾不徐地投入其中，所以務必創造自家原創的探險與收集遊戲來玩玩看。

例：「人臉圖案大搜索！」、「比較配對尋寶趣」、「產地收集地圖」

創造遊戲的訣竅④

創作與表達

也有不少孩子熱愛製作或表達些什麼。從在製圖時間裡進行的手工作業，乃至創意發想等，方法五花八門。就連那些必須死記硬背而令人煎熬的科目，也有可能在邊做邊玩的過程中，不知不覺間便記住了。請試著自由打造原創的創作與表達遊戲，並盡情發揮創造力來玩耍。

例：「中文字製造機」、「國旗設計師」
「什麼東西都能玩骨牌！」
「推薦卡動手做」

創造遊戲的訣竅⑤

互相競爭

「競爭」可以普遍活用於任何遊戲之中。一旦加入勝負這樣的要素，別說是孩子了，連大人都會沉浸其中。優點是可以簡單納入遊戲規則中，但另一方面，也有些孩子討厭競爭，或是有實力差距而無法享受其中的樂趣，所以建議觀察與孩子適合與否後再予以導入。

例：「循環式文字接龍」、「車牌號碼湊10遊戲」
「不用名字搜尋出答案！」

column ②

有發展障礙的孩子也能穩步成長！

近年來，被診斷出有發展障礙的孩子愈來愈多，也開始受到社會矚目。另外也有為數可觀的孩子介於灰色地帶，即便沒有醫學上的明確診斷，仍帶有強烈的好動或衝動傾向。

一般認為發展障礙是天生的大腦特性，擅長與不擅長方面大多較為極端，但是所謂「有發展障礙傾向的孩子」其實大部分都很適合探究式的學習。這是因為他們往往會埋首於某些事物，而不會在「遊戲與學習」之間劃清界線，也很擅長陸續發掘自己覺得有趣的事物。

在a.school的課堂上，也有一些孩子會一直獨自待在教室後方翻閱圖鑑或漫畫，或是經常在室內走來走去，但這並不意味著他們對課程絲毫不感興趣，只要問問「〇〇，你覺得呢？」他們就會說出自己的想法。

我們一開始也很擔心，但後來漸漸發現，「他們看似沒在聽，其實是在沉思呢」、「他們必須四處走動比較能集中精神」、「他們只是現在提不起勁，等想做的時候就會就定位了」等。

若以大人的角度來看，這些孩子在制式的授課形式中，無法順利地參與其中，或是難以視情況靈活變通，故而容易斷定「這個孩子討厭學習」或「他跟不上學校的學習進度」，但並不見得如此。

時常有家長向我們諮詢，說是「找不到孩子感興趣的事物」。要找到可以著迷地投入其中的對象確實不易。另一方面，許多有發展障礙傾向的孩子對任何事物都會自然地做出直覺反應。只要是覺得有趣的事物，無論是學習還是遊戲，都很容易深陷其中，對某些事物著迷不已。對他們的父母來說，要找到孩子熱衷的對象可說是比較容易的。

此外，這樣的孩子還有一些特性，就是在其他孩子因為「害羞」或「沒自信」而卻步的情況下，他們還是會無所顧忌地採取挑戰姿態，還有感興趣的對象範圍較窄但深入等。換言之，這樣的孩子比較容易培養出探究心態。這些特質若得以順利發展，長大後以創業家或藝術家之姿大放異彩的人並不罕見。

這不僅限於有發展障礙的孩子，無論是什麼樣的個性，都有機會透過整頓環境將其轉化為優勢。理解孩子的思維、行為特性與興趣，打造學習的環境並從旁支援，可說是父母引導孩子成為「探究之人」的祕訣。

（註）本文並不是要否定與發展障礙相關的醫療性支援，詳細情況請向專家諮詢。

第3章

父母如何巧妙支援孩子發展「喜好」或「專長」？

試圖管控孩子是行不通的！

在實踐第2章的遊戲時，
你是如何和孩子對話的呢？
第3章會針對「父母的支援方式」來詳加探討。
請一邊回想玩遊戲時的實際情況並繼續閱讀下去。

關於**「熱衷學習的孩子」與「會自主學習的孩子」**
之間的共通點，第1章已經介紹過，
只不過是用另一種說法，即教育界的熱門用語：
「具備探究精神的孩子」。
在「培育探究精神」這件事上，
最重要的關鍵在於父母的態度與姿態。
更具體地說，
「親子關係」會對孩子的探究精神產生莫大影響。

請試著回顧一下自家的狀況。
你是否會在日常生活中一一檢視孩子的言行？

如有錯誤就會加以指正。
為了讓孩子過著規律生活而加以管理。
當然，有些情況下還是必須從父母的角度來進行干預，
但是培育熱衷學習的孩子有一項條件，
即**應避免「管理與被管理」的關係**！

說起來，「管理」與孩子的「探究」是互相牴觸的。
透過既定的時間表並無法點燃孩子的探究熱忱，
他們有時會突然很熱衷，
有時又興趣缺缺，很難如父母所願。

請回想一下和孩子一起投入遊戲時的畫面。
「要讓他好好學」、**「希望他多學習」**、
「讓他開始探究」、**「希望他多探究」**，
一旦父母的這些意圖過於明顯，
孩子要嘛試圖回應父母的期望，要嘛反抗，
就很難培養出自主學習的能力。

a.school會指派在家進行的探究任務，
之後還會試著詢問孩子的思考過程，
當我們問**「你是如何思考而得出這個答案的呢？」**
有不少孩子的回答是**「因為媽媽說應該是這樣」**。

「希望你這樣探究」、
「你應該這麼做」，
如果像這樣以管理者的視線來誤導，
會害好不容易開始熱衷於某事的孩子
失去自行思考的機會，連帶減緩正面探究的渴望。
與孩子對話是需要費些心思的。

何謂巧妙的「提示方法」？

那麼，父母應該如何帶領孩子呢？
答案很簡單，
就是**「站在與孩子相同的立場」**。

舉例來說，當孩子在進行中文字練習時，
你會如何和他對話呢？
我們透過不佳與良好範例來比較看看吧。

×「你這個字又寫錯了嗎？」
◎**「這個字為什麼是這樣的形狀呢？」**

×「你的作業還沒完成嗎？」
◎**「如果這樣做，會不會比較快完成呢？」**

×「在晚餐時間前完成你的作業！」
◎**「我煮晚餐，你寫作業，我們來比賽看誰比較快完成吧♪」**

關鍵在於**以提問或提議（〜，你覺得如何？）**的形式
來與孩子對話，而非下達指示
（你必須〜）或建議（〜會比較好）。

請試著以「並肩而立」的感覺來貼近孩子，

而不是營造出如管理者般的「上下關係」。
本書的概念也是如此，
與其要求「用功讀書」，
不如提議「要不要一起玩遊戲？」
這樣的對話正是一種「提議」的形式。

若是採取指示或建議的形式，會有強烈的壓迫感，
孩子會變成**「回應大人希望他們做的事」**，
而非**「主動去做想做的事」**，這會削減他們的自主性。
此外，即便把語尾改成提問或提議的形式，
說法仍是「指示型」，還是行不通的。

如果與孩子「並肩而立」，以平視的角度來提問或提議，
孩子就會覺得
「我可以自己思考」、
「爸媽是支持我的」，
便可安心地學習。

為人父母者，往往會出於擔憂之情而預先判斷
「孩子再繼續這樣下去可能會犯錯」，
結果不禁採取較為武斷的說話方式，這種時候請務必盡量忍住，
試著改以**「提問」或「提議」的形式**來進行溝通。

何謂巧妙的「輔助」？

投入遊戲之中是一個契機，
會點燃孩子的「學習欲（探究熱忱）」，
接著便輪到父母以支援的角色出場活躍了

假設已經發現一個可以讓孩子著迷的主題。
但是孩子無法獨自走訪博物館、無法在書店中
從龐大的同類書籍中找到哪本書寫有自己想知道的內容。
這種時候，唯有父母可以扮演這個支援的角色。

請這樣提供協助：

「在那家博物館裡可能找得到你有興趣的〇〇，要去看看嗎？」

「這本是不是你正在找的書？」

此外，即便孩子有意上網查詢，
有時也會因為要克服重重難關才能查到想要的資訊而放棄，
比如無法準確選擇搜尋的關鍵字、
難以分辨哪個網頁含有自己想要的資訊，或內容本身晦澀難解。
這種時候請先讓孩子自己上網查詢，
再從旁輔助，詢問：
「你覺得哪個網頁比較好？」
「你覺得裡面寫了什麼樣的內容？」

重點在於，
孩子才是主角！
父母應貫徹支援的角色！
好好發展孩子的自主性與好奇心吧。

把遊戲轉換成「學習」的7種支援方式

我有個不情之請，
希望父母能化身為「探究支援者」，
協助孩子的「探究（熱衷學習的時間）」。

當遊戲點燃孩子的探究熱忱後，
請從旁協助以便逐漸加深這份興趣，
進而發展成「喜好」或「專長」。
在此介紹7種具體的切入方式。

① 養成「體驗＋回顧」的習慣！

不妨增加和孩子一起刺激五感的經驗。
一開始大約每個月1次也無妨。
第2章所介紹的遊戲也有很多都是體驗型的，
但也要試著找找其他能讓孩子雀躍不已的體驗，
比如博物館、戶外露營、親子烹飪教室等。

透過書籍或YouTube等來獲得知識後，
不光是用頭腦去理解，
還要**實際活用身體去體驗，理解才會更為立體**。
這樣的體驗愈多，愈能在孩子體內種下「探究的種子」。

大人已經具備透過語言來理解的能力，
且經歷各式各樣的經驗，所以即便未曾親身體驗，
也能根據第一手資料，在腦中進行某種程度的想像來進行學習。

然而，對語言理解力不足且缺乏實際經驗的孩子而言，
「先試著做看看」才是最重要的。
另一方面，孩子透過眼睛、耳朵等五感來感受的認知能力絕佳，
可從一項體驗中學習到很多東西，也容易沉迷其中。

選擇體驗事項時的關鍵在於，
必須是**「連父母都會想嘗試的體驗」**。
這是因為，如果是一起做會很開心的事情，
也能向孩子展示父母樂在其中的姿態，
而且親子彼此認為有趣的地方各異，

故可和孩子分享對同樣事物的不同觀點。
進行第2章的遊戲時也是一樣，
「父母是否也能一起同樂」
會對孩子的學習造成莫大的變化。

此外，結束體驗後，請讓孩子分享更具體的感想或發現，
而不是說一句「真有趣」之類的感想便畫下句點。
如此一來，孩子會更容易深入探究。

「你覺得哪個部分有趣？」
「你覺得什麼地方很神奇？」
「你下次想嘗試什麼？」

透過問答的形式讓孩子本身養成
「轉化為語言來回顧」的習慣，
如此一來，自己的興趣會變得更為明確，
還可將每一次的經驗活用到下一次。

② 仔細觀察孩子並記錄下來

若想發展孩子的「探究精神」，在日常生活中仔細觀察孩子也是很重要的。

對於孩子的所作所為，父母往往會反射性地出言提醒或干預。但是這樣的行為會扼殺孩子剛萌芽的興趣。

希望父母務必試著設些規則來自我規範，比如**「今天一整天都不要出言干涉」**等，不疾不徐地觀察孩子的一舉一動。

如果一整天太困難，也可以先從幾個小時開始，比如「從晚餐後到睡覺前為止」等。

觀察時有3大重點：

- **思考（孩子正在想什麼？）**
- **行動（孩子正打算做什麼？）**
- **感情（孩子有什麼樣的感受？）**

孩子為什麼出現這樣的思考與行動？
請試著站在孩子的立場來探查其中緣由與背景。
摒除**「反正他老是這樣」**、**「他就是這樣的孩子」**等成見，
便會有新的發現。

不僅如此，觀察的同時，請試著記錄以下2點。

- **疑問（孩子為什麼今天採取了這樣的行動呢？為什麼心情不好呢？）**
- **發現（孩子似乎對這樣的事情產生了興趣。原來他有這樣的一面。）**

父母可以藉由紀錄來整理自己的感受與思緒。
此外，還能透過事後回顧來察覺「孩子的變化」。
夫妻之間也務必試著分享孩子的狀況。

③成為一個善於傾聽的人，引導出孩子的意見

應該也有一些人會懷疑，觀察並記錄有何意義？

其實**這是一種訓練**，

目的在於提出好問題來引導孩子的意見。

換言之，是要練習透過父母的支援來增加孩子的輸出。

當你察覺到某些事或有所疑惑時，

請試著這樣詢問孩子：

「你為什麼做出〇〇的舉動呢？」

「你討厭〇〇的什麼地方？」

必須注意的是，即便孩子的行為惹得父母不快，

也不能說出**「你為什麼沒有〇〇呢？」**這樣的話。

一旦孩子覺得自己所做的事遭到否定，

就會無法引導出他們的真心話。

父母經常不聽孩子解釋就不禁出言責罵，

這可不是好現象，因為孩子會累積

「我說的話爸媽不肯聽」、

「反正會被否定」、

「說了也沒用」
之類的感情而緊閉心房。

當孩子回答了父母的提問，請試著坦然接納。
即便不認同孩子的發言，也要這麼做。

請先盡可能去理解，問問自己：
「如果站在孩子的立場，我會怎麼做？」
不要把他們當成小孩子看待也很重要。
「出於這樣的理由，爸爸是這麼想的，你覺得呢？」
「那如果採取這樣的解決之策，你覺得如何？」
只要像這樣站在對等的立場持續一來一往的對話，
孩子本身將會具備思考的能力，並逐漸邁向獨立之路。

即便是父母無法理解的事，
對孩子而言都一定是有理由的。
即便多少要費些時間，
也應該在日常生活中就多留心，

沉著冷靜地面對孩子，
而不是單方面地質問或指導。

說個題外話，大家與孩子相處時，是否曾覺得
「希望他改正的行為遲遲未有改善」？
這種時候就該懷疑**父母是否有確實和孩子分享自己的價值觀**。
比方說，你都喊了「晚餐煮好了喔！」孩子卻遲遲沒從自己的房間出來。
這時不該以「都聽到了就應該立刻過來！」來加以斥責，
而是要連同背後的價值觀都一併傳達，比如：
「讓別人等待就意味著剝奪別人的時間。希望你能意識到這會造成別人的困擾」、
「用餐是家人相聚的時間，希望你能重視」等。

如果孩子不明白父母指責的意圖，就會看狀況當場敷衍過去。

不妨試著和孩子分享父母所重視的價值觀，
並聽取孩子的意見。

在這樣的情境中，站在對等的立場來進行一來一往的對話也會有所助益。

只要互相理解彼此的想法而感到安心，
孩子就可以把探究的注意力轉向自己喜歡的事物或興趣上。

④有不懂的地方，不妨親子一起思考

無論是學習還是遊戲，孩子在埋首於新事物時，
有時會因為不知道答案而中斷。
這種時候，父母即便知道答案，也不要直接告知答案，
而是教導孩子思考的方式以及看待事物的觀點。

「你不妨試著留意這一點？」
「如果試著用這樣的角度來觀察，會如何呢？」
應該這樣循循善誘才是。

直接告訴孩子答案的癥結點在於，
他們會變得不再自己思考。

另一方面，如果孩子學會思考的方式以及看待事物的觀點，

往後將會舉一反三地加以運用。

父母的職責便是

「為孩子打造獨立學習的基礎」。

此外，有些情況下，示範做法會比用語言說明來得好。

建議先由父母示範，讓孩子觀察，試著鼓勵他們自己去察覺。

先示範一次後，再問孩子「你要不要試試？」

孩子應該會回答「我要試試看！」

有些孩子光看父母示範就認為自己已經懂了，

請務必讓他們實際自己做看看。

因為唯有自己試著去做，才能學會不懂的事物。

舉例來說，如果**孩子在初次體驗中**

遇到了問題，而身為父母的你也不知道答案，

那該怎麼辦？

很簡單。

父母也試著和孩子一起動動腦就對了。

沒必要事先查好答案再來教孩子。
投入第2章的遊戲時，
希望父母也能意識到這一點。

「爸爸是這麼想的，你覺得呢？」
「哪一個才是正確的呢？」
「一起思考看看吧。」

像這樣邊互相討論邊思考，學習過程本身會變得很有趣。

此外，孩子會把學到的內容
與「和爸爸一起學習」的這種體驗連結起來而更容易記住。

⑤最好稱讚「過程」

體驗過後，應該如何回饋意見給孩子呢？
最好確實針對過程進行回饋而非結果。
父母最常犯的錯誤便是對孩子說
「你做得很好」或**「不太成功呢」**。

這是**針對「結果」的意見回饋**。
也是導致孩子只重視「結果」的原因。

如果孩子太過在意拿出成績這件事，
就會開始根據結果來評價自己與他人。
最糟的情況下，還會為了獲取成果
而「耍小聰明」來掩飾結果。

那麼，如果是針對過程來回饋意見，會是如何呢？

「你這樣的態度很棒！」
「你在這裡很用心呢。」
「這種做法不太妥當呢。」

透過這樣的談話，可以培養孩子著眼於改善過程。
那麼無論能否拿出成果，孩子都會繼續努力，
並享受過程本身的樂趣。

此外，回饋意見時，不要只說很好或不好，還要確實告訴孩子你為什麼這麼認為。

⑥不妨和孩子共享價值觀與目標

如果孩子已經找到喜歡的事、有興趣的事或想做的事，**請協助他們「設定目標」，訂下要在何時達成什麼樣的目標**。

孩子面對眼前喜歡的事物時，總有著一往直前的強勁力量，卻不具備綜觀整體事物的能力。

父母所能做的，便是在他們設定目標時，幫忙控制難易程度。

一開始先放手讓孩子去挑戰，父母從旁守護即可。

這時最好監督過程，確認該程度對現階段的孩子來說是否適中，會不會太簡單或太難。

如果感覺到孩子現階段的程度與正在做的事情之間有落差，

請對其伸出援手。過度干預會讓孩子感到厭煩，
所以先任由他們去做，一邊觀察一邊視情況給予支援。
要恰到好處地掌握時機並非易事，不妨多支援幾次，
如果覺得這次有點太早或太晚介入，則在過程中進行調整。

那麼，該採取什麼樣的方式介入，
並控制「適當的目標設定」比較好呢？
目標太高或太低都無法培育出探究之心。
接下來將針對不同的情況逐一舉例說明。

「目標太高」的情況下

這是發生在a.school課堂上的事，
那門課程是要孩子化身為創業者或經營者，挑戰用自己的創意來賺錢。
一開始要求孩子擬定目標，結果有個孩子揚言「我要賺10萬日圓！」
他可能是沒有考慮到可行性而自信滿滿地設定了較高的目標，
或是因為對目標摸不著頭緒而隨便設定的。
即便如此，孩子好不容易自己訂下了目標，要求立即更改也不太好。

在目標太高的情況下，可以提出
「如果要賺到10萬日圓，你必須做的事大概有這些……」
等具體的例子，並透過反覆對話，支援孩子擬定較細部的「中間目標」以便達成最終目標。

「目標太低」的情況下

在同一堂課上，有些孩子比較沒自信或不想失敗的意識較強，
便只設定比較容易達成的目標，
比如「營業額５００日圓」。

這種情況下，應先積極肯定孩子「擬定了目標」這件事，
給予認同而不對其缺乏自信加以否定。
不可以說出**「你可以做得更好」**或**「把目標再調高一點」**之類的話。
「把『營業額５００日圓』設為第一步，達成後再進一步提高目標吧」、
「如果能達成那樣的目標，會是什麼樣的感覺呢？」
以此和孩子對話，逐漸營造出提高目標的積極氛圍。

應該也有家長會說：

「會設定目標還算好的了，我家的孩子連目標都不打算訂。」

的確也有些孩子會以敷衍了事的態度隨便設定目標，或是逃避這件事。

在這種情況下，孩子會連思考目標都覺得麻煩，

所以最好進行詳談，訂出較具體的目標。

請試著透過稱讚或巧妙的意見回饋，促使孩子萌生

「下次還想試著設定目標來完成」的念頭。

建議父母也設定自己的目標

並與孩子分享。

即便目標的內容各異，

只要展現出一起努力的姿態，就能讓孩子變得積極。

以a.school為例，

會讓大學生擔任「導師（＝學習的陪跑員）」一角

來參與授課，和孩子們互相分享目標。

有些大學生會在這時分享個人的目標，比如

「我要在某個日期前完成畢業論文」、**「我要打工賺多少錢」**等。

至於親子之間，
分享工作或家事的目標應該也不錯，
比如「爸爸要在某個日期前完成工作任務」、
「每天●點前要完成家事」等。
有些情況下，共享目標會讓孩子覺得
「自己並不孤單」而得以維持動力。

人在挑戰比自己現階段程度稍高一些的事情時，
是最容易沉迷其中的。

複習一下第1章說過的，訣竅便是根據
「難度必須比孩子現階段程度高出20％」的準則來設定目標。

⑦ 不妨借助第三者的力量

到目前為止已經介紹了各式各樣的做法，

但父母沒必要把每一件事都做到盡善盡美。
父母的時間與力所能及之事也是有限的，
無須承擔起孩子的所有學習與人生，沒有負起責任也無妨。
親子之間也會有所衝突。雖說長時間一起生活相處，
父母也不見得能比任何人都察覺孩子的可能性
並從旁支援其成長。

- **增加體驗的範圍**
- **養成思考與對話的習慣**
- **一起學習**
- **創造探究的契機**

這些是父母身負的重任，
但是**對孩子而言，在人生中的某個時間點，**
受到「父母以外的第三者」的影響
也是很重要的。

在進一步加深特定主題的相關學習時，

這個第三者的存在尤為重要。

a.school的學生中，
有個國中女生熱愛動畫而對配音員很感興趣。
她最終進入有配音課程的高中就學，
並積極地參加校外比賽，
還直接去向專業配音員討教。
遇到「專業配音員」這個「第三者」後，
配音員這個職業對她而言便不再只是夢想，
而是一個實際的目標。
她如今仍以專業配音員為目標持續勇往直前。

有個小學男孩喜歡算數，
父母便買了算數的書籍與圖鑑給他，
後來還對國中數學產生興趣，達到連父母都無法教他的程度。
4年級便進入a.school的國高中數學班裡學習微積分，
到了5年級時，興趣甚至擴及大學數學的程度。
我在這時引介了某位「數學研究者」，

請他開了一門特別講座，讓男孩學習大學理科系所學的整數論。

第三者的存在有助於不斷推動孩子進行探究。

父母不要獨自肩負太多，請試著好好仰賴各個領域的專業人士、朋友或當地的大人、學校或學藝的老師等，尋找能夠帶給孩子刺激的「第三者」並攜手合作。

一開始不妨先找出自己住的城鎮、附近的大學或NPO組織等所舉辦的活動或研習會，並帶孩子去參加。

在這些場合或許有機會遇到意想不到的「第三者」。

話雖如此，

對孩子而言，無論年紀多大，家庭仍有著莫大的作用。

當孩子在外面遇到不如意的事或面臨艱困的挑戰時，家便是他們的避風港，不妨在家裡打造一個空間或區域，成為孩子可以感到安穩的地方。

「WHY？」會成為孩子將來的靈感之源！

只要是為人父母者，應該都會想幫助孩子發展他們「喜歡的事」或「擅長的事」吧。

要分辨孩子能夠「著迷學習的事物」，也就是「探究的主題」，關鍵在於**「為什麼會對該事物感到著迷」**。

父母之間在聊到「這孩子喜歡〇〇」的話題時，〇〇裡可以代入的東西五花八門，有恐龍、電車、娃娃或競技遊戲等，大部分都是談論孩子著迷的對象或**「熱衷於什麼（WHAT）」**。

WHAT固然也很重要，但比這點更需要留意的是：**「為什麼熱衷（WHY）」**。

舉例來說，如果孩子對恐龍或宇宙如痴如醉，

請試著想一想，

「這孩子是對恐龍的哪個部分感興趣？為什麼呢？」

「為什麼繼恐龍之後又愛上了宇宙？兩者有何共通點？」

孩子也許是對宏大的事物有強烈的興趣，

又或者只是因為碰巧接觸到關於恐龍與宇宙的有趣圖鑑罷了。

在這種情況下，孩子可能是「喜歡閱讀圖鑑」，

而不是「喜歡恐龍與宇宙」。

孩子的興趣較容易轉移，

長大成人後的工作仍與小時候著迷的對象（WHAT）

息息相關的案例應該不多吧？

然而，

「為什麼（WHY）」卻往往會關乎到將來。

這是因為思考與行動的特性以及興趣的方向是不會輕易改變的。

父母若能知道其中的為什麼（WHY），
也會比較容易從旁支援孩子。

從「HOW」中分辨孩子的類型

與「為什麼（WHY）」同等重要的觀察角度，
便是**「如何沉迷其中（HOW）」**。
喜歡「思考」、
喜歡「創造」、
喜歡「收集」，
「HOW」的類型十分多樣。
比方說，同樣都是熱愛宇宙，
「地球為什麼會轉動？」、
「地球是如何形成的？」
像這樣喜歡探究宇宙奧祕的孩子，或許很適合當研究人員。
「如果宇宙是長這樣會如何？」

像這樣喜歡想像的孩子，
成為創造者可說是再適合不過了吧。

由此可知，即便喜歡的事物一樣，每個人感興趣的方向卻各不相同。
請**從「HOW」的角度切入，**
找出能讓孩子著迷的關鍵（＝探究的入口），
並協助他們進一步發展。

HOW的觀察角度大致分為3類，
可用來分辨孩子的類型。
一起來了解一下細節吧。

①熱衷於思考的孩子

首先是熱衷於思考的孩子。
這樣的孩子最愛自己動腦思考，
其中又可分為幾種類型。
請試著仔細觀察，看看他們
喜歡如何思考，又有什麼樣的思考習慣。

◉「**哲學**」型

喜歡思考自己或人類的大小事。

會細細思索自己的感受或想法。

屬於內向思考的類型。

◉「**科學**」型

喜歡思考自然或機械等問題。

會針對自己所見所知的事物細細思索其機制、結構與背景。

屬於外向思考的類型。

◉「**戰略**」型

喜歡在遊戲或拼圖等有規則的事物中思考如何獲勝。

通常邏輯思考能力較強。

◉「**發想**」型

喜歡拓展自己的想像力，擺脫框架自由地思考。

通常創造性思考能力較強。

案例

「科學」型的小學4年級男生

在一門「程式設計師」的課程中，學生必須構思一款原創的機器，並將該程式繪製成流程圖，有個男孩提出了一個機器方案：透過自動操作來收集橡皮擦屑並製成橡皮擦屑球。此方案必須結合多種要素，比如「像掃地機器人般自動運行的功能」、「判別是否為橡皮擦屑的功能」、「橡皮擦屑進入後，便以此製成球的功能」等。他每次上課都持續絞盡腦汁地思索「該如何實現這樣的功能」，最後完成了流程圖，並獲得持續思考不懈的思考體力與邏輯思考的能力。

②熱衷於創造的孩子

接著是喜歡動手創造出一些東西的類型。

這種「沉迷於創造行為的孩子」也可以分成好幾種類型。

●「藝術」型

特別喜歡以感情或感性等抽象之物為對象來表達自己內在的世界觀。

◉「設計」型

喜歡針對某種任務來創造東西，
比如可以做到○○的東西、可以解決○○的東西等。
還可以透過觀察其創作物品的特性或做法再進一步細分。
有喜歡使用紙或工具等摸得到的東西
來創作的**「復古」型**，
也有喜歡利用科技來表達的**「數位」型**。
以下介紹的案例，便是**「藝術×復古」型**
與**「設計×數位」型**的孩子。

案例

「藝術×復古」型的小學3年級女生

這個女孩參加了一門「建築師」的課程，學生必須想像一棟希望現實中也存在的理想建築，並將之化為設計圖，最終還要打造出建築模型。她一心希望自己能被包覆在輕飄飄的感覺之中，於是構思並設計出一家空間氛圍舒適而別具特色的飯店，讓疲憊之人來這裡尋求療癒。在執著於模型技巧的眾多孩子當中，試圖把感覺化為作品的獨特觀點令人印象深刻。

案例

「設計×數位」型的小學5年級男生

在一門「電機工程師」的課程中，學生必須學會電子工作的技術，並加以活用來挑戰創造作品。這個男孩便創造出一個原創作品，用來解決家裡無法掌握浴缸何時裝滿水的問題。水一旦裝滿，放在浴缸中的寶特瓶就會浮起而形成一個電子迴路，發出在客廳都聽得到的嗶嗶聲。在不斷試錯與摸索後，憑藉創意與技術解決了現實中的課題，男孩為此樂不可支。

③熱衷於說話或傾聽的孩子

接下來試著將喜歡說話或傾聽的孩子分成幾種類型。

●「對話」型

喜歡與人溝通。相對來說，比起內容，對加深彼此的關係更感興趣。

●「議論」型

對互相碰撞想法以加深思考或建構邏輯很感興趣。

若要進一步細分，又有「想把自己的想法傳達給對方」與「想了解別人的想法」兩種類型。「傳達」型最後可能會成為喜歡發表的人，而「了解」型則可能成為喜歡採訪的人。以下介紹的一例，便是「對話×了解」型的孩子。

案例

「對話×了解」型的小學4年級男生

在「創業者或經營者」的課程中，要開一家自己構思的店時，這個男孩便對來a.school的家長們做了一份詳細的問卷調查，詢問他們想吃什麼、想喝什麼以及為什麼等等，並活用調查結果來決定菜單與價格。開店之後，他又提出「這樣的商品如何」等方案來詢問那些已成為顧客的大人，聆聽他們的感想並反覆改善。這個孩子原本就很喜歡說話，透過販售自己的商品的經驗，對有目的性的對話愈來愈感興趣。

以上所介紹的只是一些主要的類型，
應該還有其他各式各樣的切入視角。

・**「收集」型　＝喜歡收集某些東西**
・**「實驗」型　＝喜歡自己多方測試**
・**「運動」型　＝喜歡活動身體**

孩子都埋首於什麼樣的事物之中？如何投入？
又是為什麼？有何共通點？
這些興趣經歷了什麼樣的變化？
透過深入觀察來加深對孩子的理解，
在思考升學、就業或將來時應該也會有所幫助。

有些孩子的「探究之火」容易持續，有些則容易消散

經常會有家長希望發展孩子的「喜好」或「專長」，而找我洽談。
他們的煩惱不外乎「孩子的興趣無法持續」，
比如「我家的孩子很沒耐心，很難長時間持續一件事」、
「難得有件事讓他熱衷好幾年，已經駕輕就熟了，卻突然放棄……」。
家長都會希望這把好不容易點燃的「探究之火」可以盡量持續燃燒不滅吧。
然而，**萬萬不可試圖強迫孩子繼續下去**而對他們說
「再努力一下比較好！」、
「現在放棄太可惜了！」等。

原因有二。

其一，是因為沉迷是有高低起伏的。
有段期間會渾然忘我地埋首其中，
但這股幹勁也一定有趨緩下來的時候。

正如起起落落的波浪般，
人的情緒也會時而高昂時而低落，很難加以控制。

我們有時會太過興致勃勃而全心投入，然後就徹底厭倦了，
但有時只是經過暫時性的停滯期，
之後又重拾興趣，再次沉浸其中。
如同我先前不斷提到的，無關時間長短，
「沉浸於某些事物的經驗」必將化為人生的食糧。
不要過度執著於眼前的「探究之火」，務必靜靜地從旁守護。

另一個原因則是，
有些孩子的興趣容易持續，有些則容易消散。
一般都會認為「能夠持續比較好」，但不見得如此。
「興趣容易消散」就意味著，
孩子會對各式各樣的事物感興趣而可多方挑戰。
實際上，那些興趣容易持續的孩子，
他們的家長也有不少人因為**「孩子只對●●感興趣……」**而煩惱不已。
這兩種情況或許都是在強求自己所沒有的。
聽到探究一詞，似乎不少人都有著
「不疾不徐地投入一件事」的印象，但其實不必擔心。
我也是興趣容易消散的類型，

在25歲之前都沒有長時間持續一件事的經驗。
但是一直以來都對各種事物感興趣並投入其中，
這成了我的龐大資產。

該怎麼做才能發展孩子的「喜好」或「專長」呢？
我已經根據在a.school的實踐經驗寫下不少做法，但其實沒有正確答案。
每個孩子的類型各異，適合的方法也有所不同，
對從旁支援的父母而言，適合與不適合的方法也各不相同。
此外，即便以良好的形式來支援孩子，也不見得能立竿見影。
請不要太過逞強，不疾不徐地花些時間持續試錯與摸索並樂在其中。

何謂戰勝時代變化的能力？

我們所處的社會如今正在急遽變化，而這一切始於20世紀登場並一鼓作氣普及開來的網際網路。

從工業社會轉變為資訊社會，促進了全球化，突然進入一個複雜而前景難以預測的時代。

在網路出現之前的時代，能夠大放異彩的都是那些有能力準確完成有既定答案的課題、擬訂計畫並執行、可高效推行每件事的人才。然而，社會的變化把這些人才定義為「傳統型人才（oldtype）」。

在當今這個資訊社會中，甚至再往前跨一大步至數十年後的**「解決課題並創造價值的社會」**中，需要的人才是具備自行發現問題的能力，而非回答問題的能力。換言之，即**有能力創造新價值的人**。這樣的人即為**「新型人才（newtype）」，具備二話不說先進行實驗並在試錯中摸索的能力**，而不是縝密地擬定計畫。

成為「新型人才」不僅是在工作上創造價值時的必要條件，也關乎到往後是否能過著幸福的人生。人生要往哪個方向邁進、珍視哪些事物，皆操之在己。在這個時代，對自己而言幸福應該是什麼樣的狀態？如何描繪自己的人生願景？都會讓人生的滿意度產生莫大變化。

聽了這些話，應該有不少家長會對孩子的將來感到不安，或是愈來愈不明白該讓孩子做些什麼才好吧。再加上教育界與媒體紛紛發出煽動危機感的訊息，究竟該如何度過這樣的時代？應該人人都想知道答案吧。這樣的狀態在在證明大家已經陷入正確答案的思維裡。畢竟現在家長這一代很多都是經歷「傳統型人才」活躍的時期，所以也是無可奈何的事（我自己也是）。話雖如此，如果以同樣的心態或姿態來對待孩子，很可能會把他們塑造成傳統型人才。為了避免這樣的狀況，讓我們一起探尋新的答案吧。

我希望孩子能重視自己的想法，自己覺得有趣便試著去做、自己想堅持便堅持，而不是隨世人紛雜的意見起舞。像這樣抱持著「探究」的心態，每天都根據自己的想法與感受來學習並生活，便是通往「新型人才」的捷徑。

第4章

看著父母「探究的姿態」，孩子會有所成長

與其用說的，不如用「父母的行為」來傳達

希望幫孩子培養出**「沉迷其中的學習姿態＝探究精神」**。

希望讓孩子接觸**「探究式學習」**。

抱持這種想法來a.school叩門的家長，又可分為2種類型。

- **「大腦」已經理解探究的重要性的人**
- **「大腦與身體」都理解探究的重要性的人**

所謂「大腦與身體」都理解的人，

指的便是**本身也會在日常中享受探究樂趣的父母**。

這類家庭中的孩子，探究能力將會逐漸成長。

為什麼父母也需要探究呢？

這是因為，父母如果嘴上說著**「探究很重要」**，

自己卻不探究，**探究的本質便會無法傳達給孩子**。

孩子總是密切關注著父母。

如果是「大腦」已經理解探究的重要性的人，
都會認為**「在往後的時代裡會需要」**、
「希望孩子能做自己喜歡的事維生」、
「希望為孩子開拓未來的可能性」，
為孩子著想的心情十分強烈。
不過遺憾的是，大多數的案例中，父母本身並不具備探究精神。

另一方面，如果是「大腦與身體」都理解探究的重要性的人，
則是父母本身就會實際**探究喜歡或有興趣的事物**。

如此一來，孩子看著父母這樣的身影，
也會自然而然地接收到一種訊息：
「探究是一件有趣的事！」

這是在a.school一門「創業者或經營者」的課程中，
進行以工作或買賣為主題的探究式學習時所發生的事。

有名小學4年級的女生決定開一家飾品店來賺錢。
那個孩子的母親告訴我，她是以製造工藝為業，
所以和孩子分享了自己的經驗，並以
「應該賣多少錢比較好呢？」、
「要如何包裝呢？」等提問來討論買賣的巧思，
在家裡玩得不亦樂乎。

另外還有一名沉迷於「遊戲設計師」課程的男孩，
他的父親受到孩子的影響而大筆購買了各種舊式遊戲，
全家天天一起玩。結果……
「這款遊戲的這個部分很有趣」、
「如果你決定要製作這樣的遊戲，應該可以參考那款遊戲」，
據說父子倆就此展開了遊戲的研究。

如果在家裡聊這樣的話題聊得很起勁，
孩子也會開始覺得探究很有趣。

除此之外，

也有一些家庭的父母會到圖書館
把a.school配合授課主題所介紹的推薦書籍全部借回家，沉浸於閱讀之中。

後來發生了什麼事呢？
結果孩子也自然而然地拿起書本讀了起來。
媽媽一句「要多多閱讀」也沒說，只是渾然忘我地讀著書，
孩子見狀便受到影響，
心生**「感覺好像很有趣」**、
「只有媽媽讀得這麼開心太狡猾了～」的念頭。

一起增加家中的「探究人」吧

另有一些案例是，孩子漸漸沉迷於探索，其兄弟姊妹也受到刺激而行為出現變化。家庭裡的探究人愈多，愈可引發良好的探究循環。

知識或方法論皆可透過語言淺顯易懂且有趣地傳授給孩子。另一方面，**探究精神則是經由身體自然而然散發出的氛圍與平日的姿態**來傳遞。

父母嘴上說著「探究很重要」，卻立即拿起智慧型手機用google搜尋而不深入思考、度過假日的方式毫無創造性，或是沒頭沒腦地斥責孩子「快點做」、「好好做」……。

父母的想法是無法透過這樣的行為傳遞給孩子的。尤其是小學低年級的孩子，受非語言溝通的影響很大。父母最好意識到，比起語言，孩子更容易觀察「父母散發出的氛圍與態度」。

「希望孩子具備探究精神」、
「往後探究將會至關重要」，
如果父母已經有這樣的認知，那麼請試著捫心自問：
「身為父母的自己是否有在探究？」
「自己是否抱持著探究精神度過每一天呢？」
接著便從日常中的小事開始，試著自己去探究一番。
可以徹底嘗試自己的愛好，
或在工作中尋找有趣的地方也不錯。

只要點燃自己體內的探究熱忱，
那份熱情就會逐漸感染周遭的人。

有不少人認為，所謂的探究即為「新的學習方法論」，
但其實並非如此。
所謂的「探究」，是一種生存之道、
一種生活方式，一種身為人的理想狀態。

父母也來享受「探究」之樂吧！

工作本身與愛好一致的人先姑且不論，
可能有些人雖然有愛好，卻因為忙於育兒、工作或學習等而無法抽空去做。
但是，全神貫注於喜愛事物中的時間真的很重要。
徹底投注精力在喜歡或感興趣的事情上，既可獲得滿足感，
還會萌生出積極面對其他事物的心態。
以結果來說，工作與其他時間也會過得愈來愈充實。
如果空閒時間都只顧著休息，是非常可惜的一件事。

可能還會有人說，
「我本來就沒有什麼愛好」。
有些人一直以來都為了學習、工作、育兒或家事而竭盡全力，
所以不知道「自己喜歡的事物」或「有興趣的事物」是什麼。
有些人則是覺得某些事物好像很有趣，
但吸引力沒有強烈到令人投入其中。

無論是哪一種狀況，

或許都只是因為這些人
沒有養成追尋喜愛事物的「探究習慣」。

任何人小時候應該都有過「喜歡的事物」。
回想起以前曾經喜歡的事物，時隔許久再次嘗試也不錯。
也可以試著和朋友一起做他們喜歡的運動。
有了共同的話題後，再跟隨自己的興趣走，
便會漸漸出現自己感興趣或想要堅持的事。

這便是「探究的入口」。

比方說，假如你開始學編織，
享受其中樂趣的同時也要觀察自己的興趣：
在毛線的素材、編織的歷史等
從編織衍生出來的事情中，自己是著迷於哪個部分？
重要的是行動力強。只要試著開始，
就會察覺到新的有趣之處，興趣便會擴大。
請務必踏出嘗試的第一步。

如果把因為愛好而開始製作的手工包當作商品來販售，
或許可以與工作相連結。也有可能遇到新的夥伴。

重要的**不是能透過這些獲得什麼「結果」，**
而是盡情享受「過程」。
要培養探究的姿態，
從愛好著手是最好的辦法。

在育兒或家事中嘗試探究

看著孩子的成長與笑容是件快樂的事，
但是天天照顧孩子或做家事都很辛苦，
對有些人來說，痛苦已經大過於快樂了吧。
這樣的狀態意味著，
育兒或家事已經變成「非做不可的任務」。

不妨自己創造一些
「在育兒或家事中，由衷感到快樂的事」，
或是**「想在孩子或家事相關事務中探究一番的事」**。
光是從「必須努力」的義務意識
轉變為「這很有趣」的探究意識，
每天的實際感受就會產生巨大變化。

如果有人已經在育兒或家事中
找到可以樂在其中的要素，請試著加強那些部分。

如果你很喜歡講話，
便試著安排充裕的時間，每天與孩子或家人聊天。
或是把「家庭會議」變成一種習慣或規則。

有個學生家裡則是擬定了一項規則，
在家庭成員中按順序傳球，拿到球的人就必須聊聊「今天發生的趣事」，
總之就是要費心思讓這段時間變得愉快。

喜歡烹飪的人，其他家事可以稍微馬虎些，
花多一點時間思考每天要做什麼樣的料理並多費些工夫。

如果有人沒有特別擅長或喜歡的事，
則建議**「在育兒過程中自得其樂」**，
而不是「享受育兒」。

比方說，我自己本身就是一個孩子的父親，
但是家事與育兒都不拿手。
總是無法同時完成多項任務而給妻子添麻煩。

不過我覺得育兒本身是一件愉快的事，
這是因為我都以「學術角度」來享受育兒。
當然最大的前提是，
孩子的笑容令我備感療癒……（笑）。

比方說，兒子0歲時，
我看到他對門的開關出現抽搐的反應，
我心想**「他已經會辨識聲音了呢」**；
他原本手只能做出石頭與布的動作，
但**「現在已經可以分別運用每根手指了耶」**，
我會觀察他一點一點學會些什麼的身影，
享受以生物學角度來分析的樂趣，
比如**「他腦內已經形成這樣的迴路了吧」**、
「他應該還不會區分這個吧？」
這是因為我在大學時期是學生物學與心理學的，
很喜歡從這樣的觀點來看待事物。

這些可能聽起來很艱深，

但是對我來說，這也是一種愛好。
因為我只是出於有趣而這麼做。

我有個設計師朋友則是把育兒與設計結合起來並樂在其中。
他不斷利用瓦楞紙打造出吹風機、相機、吸塵器等
孩子感興趣的機器，作為兒童專用的玩具。

我是**「育兒×生物學」**，
設計師朋友則是**「育兒×製造工藝」**。

試著把必須做的事情結合自己喜歡的事物，享受其中的樂趣，
我覺得這樣的發想是一種極具**「探究巧思」**的做法。
請你也務必思考看看，
「育兒×〇〇」裡的〇〇可以代入什麼樣的事物。

享受工作的樂趣也是一種成人的探究

前面已經說過，
父母本身應該具備探究的心態，工作也是一樣。
看是要抱持著「非做不可」的意識來工作，
還是**在工作中創造自我成長或貢獻、**
工作的價值等可以樂在其中的要素，
前者與後者所展露出來的表情大不相同。

只為了外部評價或報酬而工作的時代已經過去，
以自我動機為軸心來工作的時代已然來臨。
基於自我動機「自行創造工作來工作的人」，
比較容易自行在社會中找到可以發揮價值的地方，
以結果來說，活躍的機會也會變多。
愈是探究，愈能趨近「創造價值」。

當孩子看到父母樂在工作的身影，
便會安心地把精力投注在喜歡的事物上。

甚至可能開始認為**「工作也許是很有趣的」**。
如果父母在家裡散發出對工作很消極的氛圍，則須格外留意。
心裡有數的人，請試著從小事開始改變你的行為。

一起享受「探究」之樂

本書中已經反覆提到好幾次，
挑戰第2章所介紹的遊戲或日常中的探究時，
最重要的關鍵之一便是
「大人也要和孩子一起同樂」。

在a.school擔任新人導師（＝學習的陪跑員）的大學生
經常會因為想支援孩子的心情過於強烈而陷入焦慮，
結果試圖要求孩子去做某些事，
進行得不順遂時又會不禁說出嚴厲的話，
反而澆熄了孩子的學習熱忱。

我總會對這些導師說：

「你自己要先樂在其中！」
當導師自己沉迷於課題以至於忘記支援孩子，
孩子反而會好奇而開始靠過來問：
「那個是什麼？」
「那要怎麼做？」
或是**「好有趣喔。」**

孩子對大人的態度極其敏感。
「這個人意圖要求我做某些事」，
一旦感受到這種上下關係，就會立即關上心房，
但**如果打造一個完全對等的關係，**
讓孩子認定「我們是一起同樂的夥伴」，
又會突然敞開心房。

另一個關鍵是，
「展現真正樂在其中的姿態」。
孩子最容易受到這種刺激與影響。

在家中進行探究的情況下，就屬以下2點最為困難。

●打造對等的關係

●展現真正樂在其中的背影

因為是親子，

在日常生活中無論如何都可能產生上對下的關係。

至少在進行探究的時間裡，能否打破這種關係，

改以一種對等的關係一起投入其中，將會左右成敗。

還有一個關鍵是，

父母自己是否也能一起認真地投入其中，

而不是單方面要求孩子去做。

很多家長來問我：

「該如何從旁支援孩子的探究？」

但是一開始的心態必須

從「從旁支援」轉換成

「一起享受探究的樂趣」。

只要父母抱持著與孩子一起享受探究之樂的心態，自己也真正樂在其中，那麼孩子即便是在家裡，也會變得積極地「熱衷於深化學習（＝探究）」。

番外篇

化身爲研究人員，展開暑期的自由研究

在a.school一門「研究者」的課程中，
我一開始就對孩子們說：
「自由研究是小學必出的暑假作業。
讓我們真的自由地研究一番吧！」
每年一到暑假，都會有很多家長來諮詢「該如何支援孩子的自由研究？」
所以在此稍微介紹一下這門課的內容，請試著作為今年自由研究時的靈感。

在「研究者」的課堂上，我們相當重視孩子「對某事有興趣」的單純感受，
會不疾不徐地花時間思考問題與假設，並設計實驗來驗證假設。
比起能否找到答案，更重視「研究」這個過程，
是一個持續追求事物真理的方案。

比方說，有個孩子飼養的寶貝獨角仙在暑假期間死掉了，
他便提出「獨角仙為什麼會死？」作為研究主題，

從獨角仙的供應商到飲食、生長環境等，
只要是想得到的可能致死因素，全都驗證一番。
他養了好幾隻，於是比較了死掉與還沒死的獨角仙之間有何差異，
還訪問自己家與別人家的獨角仙死亡案例來進行調查。

還有個孩子研究肌肉。
因為熱愛運動，夏天去海邊玩時曾看過許多身強體壯的衝浪者，
基於這樣的經驗，他以「該怎麼做才能變得強壯？」這樣的疑問作為研究主題。
他後來想到一個問題：「肌肉是由什麼樣的成分構成的呢？」
便想著要打造出成分極其接近肌肉的物質，
於是調查了成分並挑戰加以重現。
他以各種化學物質與水攪拌混合，
在寶特瓶中製造出疑似「肌肉」的物質，並在研究發表會上展示。

另外還有孩子研究了「史萊姆水黏土經過冰凍或燃燒後會變成怎樣？」
也有孩子每天記錄並調查公園昆蟲數量的變化，
還有孩子多次改變條件來打保齡球，並針對結果進行了比較。
「就算弄明白了又有什麼用處？」

「真的能知道答案嗎？」

即便是這樣的創意發想也完全沒問題。反而是這類事物更值得研究。孩子體內總是塞滿許多純粹的好奇心。

把父母「我不太確定這樣的研究好不好……」之類的顧慮擺一邊，只要是孩子自己設定的課題，就可以全心全意地投入。

正因如此，一開始的主題設定是最重要的。務必試著引導出孩子發自內心想研究的事物，並讓他們盡情去做。

STEP 1 大量寫出感到好奇的事物

首先，要設定研究主題。

針對不由得感到好奇或關心的事物，思考並寫下大量提問，比如：

「為什麼？」

「誰？對誰？」

「什麼東西？做什麼？」

「何時？」

「何地？」

「怎麼做？」

「花多久時間？」等。

也可以寫在筆記本上，不過，「使用便利貼，每一張寫一個問題」的形式，對孩子來說往往較為容易。如果一開始就非得寫出好的提問而太勉強，不但會遲遲想不出好的提問，也會覺得不有趣。

剛開始時，任何疑問都好，請試著盡量多寫一些。

如果有兄弟姊妹，建議可以一起進行這個步驟，因為彼此交換各種意見，提問會更為廣泛。

便利貼的範例

我家的獨角仙
為什麼會死？

該如何判別
獨角仙的
身體狀況？

獨角仙的
食物
是由什麼樣的
成分構成的？

獨角仙
喜歡或討厭
什麼樣的食物？

獨角仙
會因為什麼事
而感受到壓力？

想要找到
獨角仙
有什麼祕訣？

STEP 2 找出研究方式

寫出大量提問後，從中選出2或3個特別好奇的。
接著上網或翻書查找研究方式來確認該問題的答案。
請根據「實驗看看應該很有趣」、
「值得實驗」的基準來選擇研究方式。

在好奇的問題中，也有不少是稍加調查就能迎刃而解的。
前面提到了研究「獨角仙之死」或「肌肉」的孩子，
這兩人都是挑戰必須做實驗來親自確認才能明白的事情，
而不是查一下便知的問題。
「教科書、書本或網路上是這麼寫的，
但是實際執行又會是如何呢？」
請以這樣的提問來引導他們。
「為什麼會出現差異？」
「為什麼會失敗？」
孩子便可從這裡開始循序漸進地驗證並學習，
選擇研究方式對孩子來說有點困難，

請父母務必從旁支援。

必須留意的是，切勿直接從STEP2開始。不從「好奇的事」著手，而是從「看似行得通的事情」展開研究，這是很常見的狀況，但是這麼一來就會學不到探究的本質。

STEP 3 整理出研究的步驟後再開始準備

決定好用來確認自己提問的實驗方式後，不妨將實驗步驟與必要用品的相關細節整理成研究計畫筆記。

如果要調整既有的實驗方式，最好確認一下調整後會發生什麼樣的變化。

此外，從頭開始自行思考實驗方式的人，則最好參考類似的實驗，仔細確認清楚。進行這項實驗可能會出現什麼樣的結果？事先提出假設（預測）也是很重要的。如此一來，預測錯誤時，才有機會思考「為什麼不對？」

計畫周全，
接著準備好必要用品，
即可就此進入正式的實驗了。

TRY 研究計畫筆記

① 提問（最在意的「？」）

為什麼我家的獨角仙一下子就死了？

② 假設（自問自答）

因為餵食了在百圓商店購買的廉價飼料（死前一直腹瀉）

③ 研究方式（確認假設的方式）

實驗・觀察

圈選兩者之一

飼養新的獨角仙，餵食各種飼料來比較看看

④ 預測的結果

只要吃了百圓商店的飼料，獨角仙的身體狀況就會變差

⑤ 立下目標（想要努力或下工夫的事）

我想解開獨角仙之死的真相!!!

STEP 4 實驗看看

進行實驗時，務必記錄含括失敗在內的所有結果。
數據資料自不待言，如果可以，
也留下照片或影片，因為「重現性」在研究中也至關重要。
單次的實驗結果有可能是機率較低的偶然。
在可以反覆實驗的情況下，則多進行幾次實驗，
即可取得數據的平均值而得以趨近正確的結果，
還可透過分析異常值而看出些端倪。
「如果是這種情況下會如何？」
「這麼做，結果會有所改變嗎？」
因為實驗結果而有所疑慮時，請務必再次實驗。
專業的研究人員也是這樣反覆實驗多次，
才開創出全新的發現。

STEP 5 彙整研究結果

完成所有想得到的實驗後，如果一開始設定的疑問解決了，或是出現和原先預想的截然不同的某種發現，便可進入總結。

站在「初次接觸的人是否也容易理解？」的角度來彙整結果，如此也可以加深對研究本身的理解。

參考a.school所使用的「研究結果總結筆記」，用1本筆記本、大張模造紙或透明文件夾等喜歡的形式來彙整研究內容，即可完成相當出色的暑期自由研究。

請務必選擇喜歡的主題來挑戰看看。

TRY 研究結果彙整筆記

研究主題 簡明易懂地表達！	研究背景 為什麼決定做這項研究？
為什麼我家的獨角仙一下子就死了？	因為我養的獨角仙死了，我很傷心

提問・假設 特別想確認什麼？	調查方法・結果 要從調查事項或發現事項中選哪些內容放進發表海報中？	考察 什麼樣的總結較為理想？
▼提問 獨角仙的身體狀況會因為飼料的種類不同而產生變化嗎？ ▼假設 餵食廉價飼料，身體狀況容易變差！（據昆蟲專賣店的店員所說，廉價的飼料似乎含有過多的水分）	▼方法 ・劃分5天為一期，餵食獨角仙3種成分各異的飼料（百圓商店、昆蟲專賣店或家居用品店所賣的商品） ・每天觀察並記錄獨角仙的糞便與身體狀況（動作） ▼結果 並未因為飼料而出現顯著的變化	・也許是陽光或壓力等其他原因造成的 ・也許實驗期間再拉長一點才會顯現出飼料的影響

作者／岩田 拓真

a.school股份有限公司的執行董事（校長）兼創意總監。於2014年在東京本鄉開設了a.school補習班，以「探究式學習」為重心，擴展並加深孩子的興趣，而不是為了提高成績或通過考試。此外，該補習班所開創出的探究式學習方案「變身實驗室®」、「工作與算數®」（獲得優良設計獎），在全日本50多家合作學校都有開課（截至2021年6月）。與經濟產業省、瑞可利、河合塾、明光義塾、博報堂、京急電鐵等許多企業或行政單位都有合作，以開創新式學習的新世代型教育企業之姿備受矚目。畢業於京都大學綜合人類學系，並修完東京大學研究所工學系研究科的課程（工學碩士）。曾在工商管理顧問公司Boston Consulting Group任職，後就任現職。1個孩子的父親。兒子著迷於電車與汽車，講起自己的想像世界就滔滔不絕，每天都因兒子的一言一行而療癒。

「遊戲設計」協助／星 功基

畢業於慶應義塾大學環境資訊系（隸屬於佐藤雅彥研究室）。在佐藤雅彥研究室參與了NHK的Pythagora Switch等節目的製作，並在倍樂生公司參與理科與數學教材的開發。目前以「學習表達作家」之姿活躍，除了在a.school負責輸出型探究課程的研究開發，還以「二步」這個筆名出版了表達單字的圖畫書《語言馬戲團》（暫譯，アリス館）等，為了把學習與表達的樂趣傳達給孩子們而努力奮鬥中。

採訪・執筆／磯木 淳寛

一般社團法人picobirds的董事，房總媒體教育企劃發起人。開創了以「提問」為學習起點的智力冒險課程「自由的教室」與「房總能人圖鑑」，並在公立國、高中學校實施。另致力於實現學生提案的媒體與商品開發。在大學與自治體擔任特約講師等，針對地區品牌打造與企劃設計等進行了無數場演講。在千葉縣教育委員會主辦的「學習綜合能力與體驗能力競賽」中獲得優秀獎。著有《靠小本生意自由生活》（暫譯，イカロス出版）。

結語

距離我創建這家不教如何用功讀書
而是支援孩子探究的新型態補習班，已經過了7年。
自開業以來便受到一部分的媒體與家長的關注，
累計已為數千名孩子提供了這樣的課程。
然而，考慮到全日本每學年約有100萬名孩子，
便意味著這種探究式學習只傳授給了極少部分的孩子。
我們並未局限於自己的教室，而是和日本各地與我們有相同願景的夥伴合作，
持續增加據點，但現狀是，我們遠遠未能達成「普及高品質『探究式學習』」的任務。

此外，我們也意識到，僅憑補習班學習項目的形式，能做的還是有限。
畢竟，在孩子的人格養成中，家庭的影響才是最大的。
無論我們如何努力點燃孩子的探究熱忱，
家庭如果沒有重視探究的文化，熱情三兩下就被撲滅了。
在課堂上，孩子總是眼裡閃爍著光芒地說「哇，太有趣了！」
但回到家後，再到下週上課，大多已經失去那份光芒。
另一方面，有些孩子會和家人提起在課堂上著迷的事，討論得不亦樂乎，

這把探究之火在家裡燃燒得更旺好幾倍。
爸爸媽媽比孩子更加沉醉其中的情況並不罕見。透過這樣的經驗，
我開始認為，我們終究只是探究的支援者，家庭才是探究的根基。

那麼，我們究竟能做些什麼呢？
經過深思熟慮後所得出的答案之一，便是「寫一本書」。
到a.school上課又花時間又花錢，應該也有不少人的住家附近
並沒有開設這類教室，或是根本就不知道有這種學習方式。
即便產生的影響不如在教室裡直接與孩子面對面那麼大，
但是透過書籍這樣的媒介，
或許至少可以提供許多人一個接觸「探究式學習」的機會。
我便是抱持這樣的想法而提筆的。我並非專業作家，
所以在書籍完成之前有過許多試錯與摸索，也不認為成品是完美的，
但我一直以自己的方式持續探究著，該怎麼做，
才能讓更多人萌生「像在玩樂或玩遊戲般，輕鬆在家裡探究看看吧」的念頭。
倘若本書能讓大家的生活或人生開始出現多一點豐富的學習，
將會是筆者莫大的榮幸。

日文版Staff

插畫　むぴー
設計　大塚さやか
校對　有限会社 滄流社
遊戲設計協助　星功基
採訪・執筆　磯木淳寛
編輯　芹口由佳

國家圖書館出版品預行編目資料

培養孩子未來關鍵實力的「探究型」遊戲學習法：自主能力大增!原來學習這麼好玩!/岩田拓真著；童小芳譯. -- 初版. -- 臺北市：臺灣東販股份有限公司, 2022.02
256面；14×21公分
ISBN 978-626-329-093-8(平裝)

1.CST: 親職教育 2.CST: 子女教育
3.CST: 遊戲教學

528.2　110022278

自主能力大增！原來學習這麼好玩！

培養孩子未來關鍵實力的「探究型」遊戲學習法

2022年2月1日初版第一刷發行

作　　者　岩田拓真
插　　畫　むぴー
譯　　者　童小芳
編　　輯　曾羽辰
特約美編　鄭佳容
發 行 人　南部裕
發 行 所　台灣東販股份有限公司
＜地址＞台北市南京東路4段130號2F-1
＜電話＞(02)2577-8878
＜傳真＞(02)2577-8896
＜網址＞http://www.tohan.com.tw
郵撥帳號　1405049-4
法律顧問　蕭雄淋律師
總 經 銷　聯合發行股份有限公司
＜電話＞(02)2917-8022

TOHAN